ゾンビ家制度

軍拡と社会保障解体の罠

竹信三恵子
杉浦ひとみ
杉原浩司
雨宮処凛
古今亭菊千代

はじめに

ゾンビ家制度。そんな言葉が生まれたのは、「共同テーブル」というグループの発起人会の席上でした。共同テーブルは、生存権や両性の平等、それらの扇の要としての「戦争をしない国」をうたった憲法を生かし、「いのちの安全保障確立に向けて非正規社会からの脱却を目指す」を理念として、２０２１年にさまざまな人たちが集まったネットワークです。ここで、第二次大戦前夜の今の状況に警鐘を鳴らす「『新しい戦前にさせない』連続シンポ」が始まり、その第５回目として２０２３年８月に開かれたのが「軍拡と『ゾンビ家制度』の罠」でした。

戦争と言うと、外交問題や軍事などに目が行きがちですが、それは私たちの生活をもむしばんでいきます。岸田政権下で始まった「5年間で43兆円」という前代未聞の軍拡予算は、保育や介護、教育などの生活予算を圧迫し、家庭内でそれらを無償で支えてきた女性の負担を大きく膨らませつつあります。

戦前の国家予算では、軍事予算は驚くべき高い比率を占めていました。生活にかかわることの大半を「家庭の自助努力」とすることでこうした予算は成り立ち、家制度は、そうした「自助努力」を一線で支えさせるべく女性たちを囲い込む、重要な装置でした。今回の軍拡予算の下で、こうした「家制度」に相当する女性への無償労働押し付けシステムが、形を変えて復活させられているのではないか。それは、新しい家制度ではないのか。そんな問題提起に、ほかのメンバーから、それは「新しい」などという前向きなものではなく、すでに死んでいるものが墓場から姿を変えて呼び戻された「ゾンビ」ではないか、という声が上がりました。

たしかに、少子高齢化による人手不足や産業構造の変化で、女性の労働力なしでは経済は成り立たなくなり、介護や保育などを担うとされてきた女性たちが、家庭の外に出て働くことが求められています。その結果、家庭内のケア労働要員も人手不足状態です。それなのに、これに対する公的支えが縮小されれば社会は成り立ちません。大幅な軍拡のために社会保障費を削減する政策は、とっくに墓場に入っているゾンビのようなものです。「ゾンビ家制度」という言葉はこうして生まれました。

シンポは、そんなゾンビ状況を、様々な分野の人々の報告を通じて浮き彫りにしました。生活からの軍拡批判を提案してきた発起人の白石孝を総合司会に、社会的経済的なゾンビ度については、経済と労働をジェンダー視点から報じてきたジャーナリストの竹信三恵子、法制度を利用した「ゾンビ家制度」による「戦争できる国」への社会意識づくりについては、子どもや家庭での人権問題に取り組んできた弁護士の杉浦ひとみ、こうした事態を引き起こす異次元とも言える軍拡の危うさについては、武器取引反対ネットワーク（ＮＡＪＡＴ）代表の杉原浩司、軍拡による公的な支えのはく奪が、どのように貧困を激化させるかについては、貧困現場に立ち会い続けてきた作家の雨宮処凛、そして、戦前の「国策落語」の紹介を通じ、戦争が文化活動にまで影響を及ぼし日常の生活に浸透していく恐ろしさを語ってくれた落語家の古今亭菊千代の５人によって、軍拡が家庭と社会保障とジェンダー平等を崩していくメカニズムが多角的に語られました。この本は、その５人の発言を大幅に加筆修正し、「ゾンビ家制度」の姿を描き出そうとしたものです。

こうした状況は、まだ終わっていません。２０２４年には民法改正によって「共同親権」が導入されました。「別れても父は父」というやさしいイメージの下で、合意がない場合でも「父の権利」の名の下に夫の暴力や支配が継続されるのではという不安が、ＤＶ被害者の女性たちを中心に広がっています。これも、新しい父権の強化という意味で「ゾンビ家制度」ではないか。そんな思いから同年８月、共同テーブルは前川喜平・元文部科学省次官らを招いて開催した第11回連続シンポで、このテーマも取り上げました。

戦争の被害は、開戦前から始まっています。そして、戦争は、やさしく明るい言葉でしのびよります。そうした日常の中の戦争と闘うために、この本を生かしていただきたいと私たちは願っています。

（二つのシンポジウムの提案者として、竹信三恵子、文中敬称略）

ゾンビ家制度　軍拡と社会保障解体の罠　●目次

はじめに…3

戦争は始まる前に人を殺す
――軍拡と「ゾンビ家制度」の罠が生む性差別大国・生活小国…9
ジャーナリスト　竹信　三恵子

生活へのしわ寄せの検証はなし／予算のバケツに穴が開いた／無償労働の増大と女性の多重負担
軍事費の膨張を支えた「家制度」／焼き直された旧憲法・民法／男女平等順位１２５位の本当の原因
張り巡らされた公的費用を抑制する仕組み／「異次元の少子化対策」のトリック
共同親権による子どもへの公的支援削減の恐れ／「４割が非正規」の社会が生む戦争に反対できない社会
戦争はどのようにして始まる前に人を殺すか

ゾンビ家制度の法制度的問題 …59

弁護士　杉浦　ひとみ

はじめに／1　法制度と市民の意識――社会の意識は知らないうちに作られていく
2　戦争をする国に向けた社会の作り方／3　戦後の日本とゾンビ家制度／4　性の問題への取り組み
5　日本の国の不思議――見えない柵／6　私たちはどう進むべきか

「死の商人国家」から「良心的軍事拒否国家」へ …97

武器取引反対ネットワーク（NAJAT）代表　杉原　浩司

はじめに／五輪下の日米戦争司令部一体化／溶解する立法府／「大政翼賛会」の出現
松川るい議員との「死の商人」論争／世界第3位の軍事費大国へ／笑いの止まらぬ「死の商人」
「国是」の最終的な破壊／殺傷武器の輸出解禁へ／密室協議という「独裁」
次期戦闘機の第三国輸出の危険性／無意味な「歯止め」／敵基地攻撃ミサイル輸出の懸念
イスラエルの「死の商人」との共謀／血まみれ虐殺ドローン輸入の発覚
西欧人権思想の死に際して／「最後の命綱」としての市民運動の課題

人の命を財源で語る先に、待ち受けている地獄……129
作家・反貧困ネットワーク世話人　雨宮　処凛
コロナ5類移行後も餓死寸前のSOS／若者の貧困が拡大／女性の数は20倍に
路上生活者にも若者が増えている／なぜ「女性不況」なのか／コロナ5類移行で打ち切られた公的支援
棄民政策の一方で東京オリンピック／15年前、「派遣村」に来た人が相談会に
国からの貸付金が返済できない／戦事中、「戦争の役に立たない人」はどう扱われたか

国策落語から家制度・優性思想を考える……149
落語家　古今亭　菊千代
平和でこそ落語は笑える／戦前の優性思想「結婚十訓」／志ん生師匠の国策落語

おわりに……158

戦争は始まる前に人を殺す

——軍拡と「ゾンビ家制度」の罠が生む性差別大国・生活小国

ジャーナリスト　竹信三恵子

「軍拡」と言うと、政治や外交の問題、といったイメージがありませんか。難しい政治の話とか、国と国との外交関係のことだとか思われがち、ということです。また、身近な自分ごととして考えたとしても、軍拡が戦争を引き起こした結果、爆弾が降ってきて家が破壊され、大量の死傷者が出る、とか、息子（最近は自衛隊が女性の採用を拡大しており、娘もありえますが）などの若い人が戦争に駆り出され、殺されたり人を殺したりしなければならない、といった状況を思い浮かべるのではないでしょうか。それはもちろん、本当に恐ろしいことです。ただ、こうした戦争の非日常的とも言える側面ではなく、私たちの極めて日常的な今の生活にも軍拡は大きな影響をもたらす、という点については、いまひとつピンとこないのではないかと思います。

戦争や軍拡は政治や外交や、戦火がもたらす直接的な死者の問題だけではありません。軍拡が進めば、これを確保するため、保育や介護、医療、年金、教育といった公的費用が減らされ、公共サービスはぐんぐん切り詰められていきます。軍事は費用対効果を測ることが難しいため、野放図に膨らんでいきやすい特性があるからです。人々を支えるための公的支出が猛烈な勢いで軍拡に注ぎこまれ、これに押しのけられて生活予算が大幅に縮減されていけば、公的な支えを必要とする社会的に弱い立ち場の人たちから先に死んでいきます。それは、やがては他の層の人々の暮らしも掘り崩していきます。戦争は、始まる前に人を殺すのです。

こうして公共の支えが切り詰められたとき、削減された支えをだれかが穴埋めしなければ、死者はさらに増えます。こうした負担は、個人の自己責任とされるわけですが、多くの場合、「家庭の責任」「お母さんの義務」という形で、女性に肩代わりが求められることになります。そこで威力を発揮するのが、「新しい家制度」とも言える社会装置です。それは、女性に無償で家族のケアを担わせることを当然視させ、その結果、女性の経済的自立の機会が削がれても、だれもそれを不思議と思わない仕掛けです。

戦前の家制度は、「戸主」を国の代理人とし、法律の力で「国の奉仕」へと強権的に家族を動員しました。戦後の憲法はこれを否定し、「政府が個人の幸福を支える」という方向を目指したはずでした。ところが、憲法9条の解釈改憲が進むにつれ、その原則をかいくぐるようにして、死滅したはずの家制度が形を変えてよみがえろうとしています。親の意向ではなく、対等な個人の結びつきとしての結婚や家庭内の男女平等を規定した憲法24条の登場によって姿を消し、社会や経済の変化にもそぐわなくなった「家」が、ゾンビのように墓から出てきて、あちこちを跋扈し始めているのです。私たちはそれを、「ゾンビ家制度」と名付けました。それは、「女性活躍」「別れても父は父」といった戦後社会の美しい言葉に身をくるみ、ソフトに、真綿で首を絞めるように、軍拡予算の穴埋めへと女性たちを動員し始めているのです。このような「ゾンビ家制度」の怖さとしては次の2つが挙げられます。まず、①国民の健康で文化的な生活に対する責任が生活予算削減で損なわれるという政府の罪が、「わがままな女」による役割の拒否という女性の罪にすり替えられ、そして、②生活の窮迫という意味では同じく被害者であるはずの男性が、生活予算削減政策の転換を求めるのではなく、女性の「わがまま」を非難し、支配を強めようと考える、という点です。本章は、軍拡がもたらす、そんな恐ろしいメカニズムについて考えていきたいと思います。

生活へのしわ寄せの検証はなし

こうした現象は、すでに、さまざまな場面で起きています。教育について言うと、公費負担が削られれば教科書などは自前になり、教員の数もさらに減らされ、足りなければ親が自宅で、自前で教えるか、塾に通わせるかと求められることになります。コロナ禍の感染が拡大した2020年3月、政府は一斉休校措置をとりましたが、そのときも、自宅で親が教えることが求められました。「家で」と言われると性別は関係ないようですが、多くの場合、それは「子育てに責任を持つ」とされる女性にかかってきました。コロナ禍でも共働きや一人親で、女性が仕事に出なければならない家庭は少なくありませんでしたから、仕事に家事、加えて、子どもに勉強を教える、ということも求められ、本当に大変だったお母さんがたくさんいたのです。そこでは、子どもに教える余裕がない家庭と、余裕がある家庭の格差が子どもの教育格差となって跳ね返ってくる事態も起きました。これはコロナ禍による一時的なものでしたが、軍拡予算の拡大は教育予算を圧迫し、そうした、子ども間の格差も増幅させかねません。

岸田政権は、２０２２年12月、新しい防衛３文書で「敵基地への攻撃手段を保持しない」と説明してきた政府方針を転換し、「２０２３年から5年間で43兆円の防衛費」「ＧＤＰの２％」を閣議決定しました。こうした予算で何が行われるのか、本当にこれで「防衛」ができるのか、財源はどう確保するのかという説明もないままの突然の大規模な軍拡予算の改変です。これを放置すれば、今後、じわじわと、気がつかないうちに、自己責任・家庭責任の負担は増えます。これは、家庭内の女性の負担を大幅に増やすばかりか、公的支えに頼る度合の少ない家庭とそうでない家庭との落差は広がっていくということです。

政府が、「5年間にもわたってこれだけの支出をします」とあらかじめお墨付きを出してしまったということは、仮にある年に大きな災害が起きて莫大な公的支出が必要になったとしても軍事費の拡大は死守、となりかねません。しかも43兆円という数字は、国会での多角的な議論や十分な検討を飛ばして、閣議決定で決めてしまっているわけです。私たちはそれをどのように負担できるのか、そのためにどの部分を削り、犠牲にするのか、これだけの額を費やして、誰に対して何を「防衛」するのか。そうした基本的なこと私たちにははっきり示されないまま、「これだけは軍事のために確保します」と言い渡されてしまった。つまり、決まったんだから、その結果、どんなにひどい生活へのしわよせがあっても覚悟しなさいよ、と勝手に宣言され、税金で支えるべきさまざまな課題の解決が難しくなっていくということです。

予算のバケツに穴が開いた

「戦争＝爆弾が落ちてきて死ぬ」といった程度まではイメージできても、そのような前代未聞の社会の形そのものの変化に対して、私たちは、想像力が働きません。もともと日本では、社会保障に使われる税金が抑制され、「父の稼ぎ」と「母の家庭内無償ケア」が暗黙の前提にされ、社会保障に対する公的な責任があいまいな状態が当たり前になってきたからです。こうした中で、税が生活に使われて豊かになったという実感を、あまり味わえずにきた私たちは、その税金が軍事にまわってしまえば生活が激しく貧困化する、という実感も持ちにくいのです。

とはいえ、２０１２年に「社会保障の充実・安定化と、そのための安定財源確保と財政健全化の同時達成を目指す」[*1]として、「税と社会保障の一体改革」の関連法案が成立した頃は、そんな社会の空気に変化の兆しも生まれていました。少子高齢化の急速な進行によって社会保障にかかる公的費用の増大は不可欠であり、そのためなら税金を増やされてもしかたない、という世論が、それなりに、この日本社会でも広がり始めていたからです。政府はひたすら小さければいい、として人々が自身の生活の首を絞めていたころに比べ、それは一つの前進だったと思います。

ところが、ようやくそこまで人々の意識が成熟し始めてきたところに、「介護や保育に使う」としてかきあつめた税が巨額な軍拡に注ぎこまれる、という今回の事態が勃発しました。それは、私たちに重大なマイナスを生みます。政府が人々の生活に責任を持つ「高負担、高福祉」の道が、これによって封じられてしまったからです。つまり、高い負担を引き受けたとしても、それは生活を楽にするのでなく、軍備という形で日米の軍需産業などに吸い上げられてしまう構図がつくられ、税金は払っても暮らしは苦しくなるばかり、税は払い損、という意識へと逆戻りしかねないということです。

しかも、こうした軍事費の増額は、私たち自身が日本の置かれている国際的状況について、十分な情報提供をもとに話し合い、熟慮した結果の内発的なものではありませんでした。この転換については、米国からの要請だったことが、さまざまに報じられています。たとえば、2018年9月26日の日米首脳会談の後、トランプ大統領は日本の防衛費の増額について、自らが当時の安倍首相に働きかけた成果だったとして、こう語ったとされています。

私が「巨額の貿易赤字は嫌だ」とシンゾーに言うと、日本がすごい量の防衛装備品を買ってくれることになったんだよ。[*2]

また、2023年にはバイデン大統領も、演説の中で、日本の防衛費の増額について「私は3回、日本の指導者と会い、説得した」「私は日本の韓国に対する姿勢や防衛予算、そしてヨーロッパでの関与を変えようとしてきた。今まで起こらなかったことが実現した」などと、公開の場で自身が働きかけた成果としてアピールしました。日本の国会などで政府が慌てて「我が国自身の判断」として打ち消しに走り、同大統領も「岸田総理大臣と多くの時間を共に過ごしたが彼はすでに決断しており私の説得は必要なかった」と「訂正」したと報じられましたが、[*3]いずれにせよ、日本の首相が国会を無視し、訪米のたびに防衛費の増額を約束してきてしまうという事実は変わりません。

税を貯めておくバケツがあるとしたら、これまでは、みなが働いて一生懸命税金を払えば、このバケツに医療な年金など、国民の生活を支えるためのお金が貯まっていき、必要なときに引き出すことができることになっていたわけです。しかし、「敵地攻撃もＯＫ」として国の基本方針があっという間に変えられ、憲法9条が空洞化させられた結果、このバケツの底には軍事費へ向かって税がダダ洩れしていく穴が開けられたことになります。こんな水漏れバケツで、いくら税を払ってもそれが生活の向上という形で私たちに戻って来るでしょうか。しかも、軍事は「国家機密」として、ブラックボックスにされている部分が多く、税の使い道について監視することが極めて難しいのです。そこへ向かって大量の公的資金が漏れていけば、私たちの生活は気が付かないうちに圧迫されていきます。「何だか知らないけど最近、教育費が高いね」「生活保護関係の予算が足りないけど、それは低所得者が利用し過ぎだからでは？」といった感じです。

今回の「5年間で43兆円」の決定にしても、有権者もマスメディアも、多くがその部分は別枠の聖域として動かせないものであるかのように受け止めてしまい、私たちの税金を全体から見て、軍事費と生活関連予算の切り分け方について一括して考えていくということが忘れてしまったかのようです。財政民主主義に必須の監視が、機能しにくい――。これが軍拡予算の本当に怖いところなのです。

無償労働の増大と女性の多重負担

これまでも、日本は財務省に代表されるように、社会保障の支出は出し渋り、生活の支えは自己責任で、という傾向が強い社会でした。とはいえ、憲法9条があるから軍事にはあまり使わない、という一応の建前がありました。だから、バケツの穴は一応、塞がっていたわけですが、それが危なくなってきたということです。

バケツに軍事への穴が空いてしまった結果、削られる公共サービスは、冒頭で述べたように、家庭で肩代わりせよ、となり、実際にそれを担うのは女性になります。性別役割分業が強い社会なので、家事はもとより、教育や保育、介護などの家庭内の無償の労働は女性の負担とされてきたからです。その一方で、「少子高齢化で労働力不足なんだから女性も働きなさいよ」と言われる。さらに「少子高齢化で子どもを増やさなくてはいけないので出産もしなさいよ」とも言われる。繰り返しになりますが、それを支える保育や介護、教育などの公的予算は縮減されてしまっているのです。こんな多重負担を、普通の人間が、担うことができるでしょうか。

男性も、「どうせ女性のことだから」などと言っていられません。こんな多重負担の中では、今以上に、低賃金の短時間パートでしか働けなくなる女性が増え、そうなると「男が家族を養え」という重圧が、さらに男性にのしかかってくるからです。そういうことは「男の甲斐性」だと思っている人も多いので、この負担が倍加する、と言っても、あまりピンと来ないかもしれません。「オトコならそれを引き受けなくては」と思い込まされているからです。高度経済

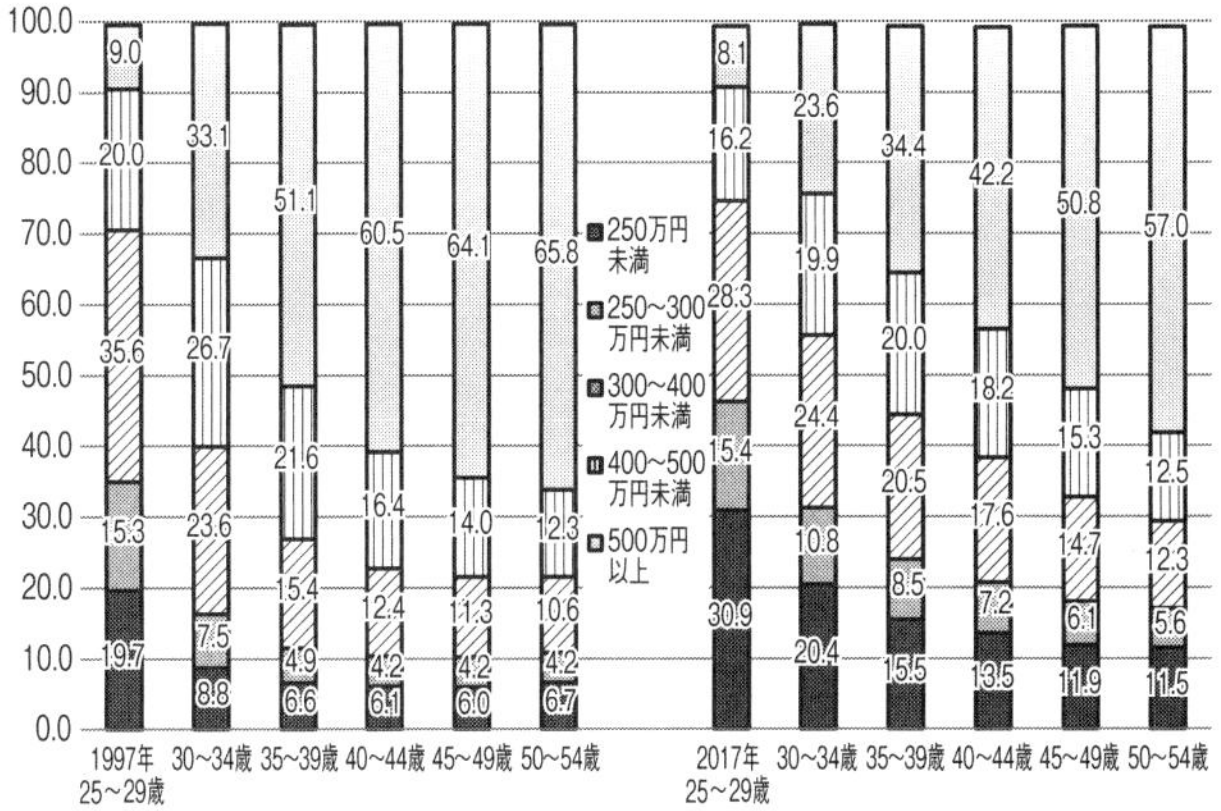

図1　低所得の男性の比率がどの年代でも増えたこの20年
男性雇用者年収分布（2012年消費者物価による実質値）就業構造基本調査より
出典：後藤道夫「コロナ過による雇用収縮が照らし出すもの」
『月刊全労連』2021年2月号

成長期のように、所得がどんどん増えていく時代なら「それこそが男の甲斐性だ」と胸を張ることもできたかもしれません。ただ、図1のように、1990年代半ば以降、非正規化や産業構造の転換にともなって、男性の賃金分布は低い方にシフトしており、一人で家族を養い、家を買い、教育費を負担できるような男性は減っています。にもかかわらず、「男のくせになんでオンナコドモを養えないんだ」という無理な圧力にさらされ続ければ、男性は、ますます過酷な状態に置かれるでしょう。

そうした性別役割分業が一般的だった20世紀前半は、男性が家族を扶養できる賃金を獲得できる社会・経済的条件が、それなりにあった時代でした。重化学工業が主流で筋肉労働が重視され、戦後の世界的な高度成長の下で、多くの

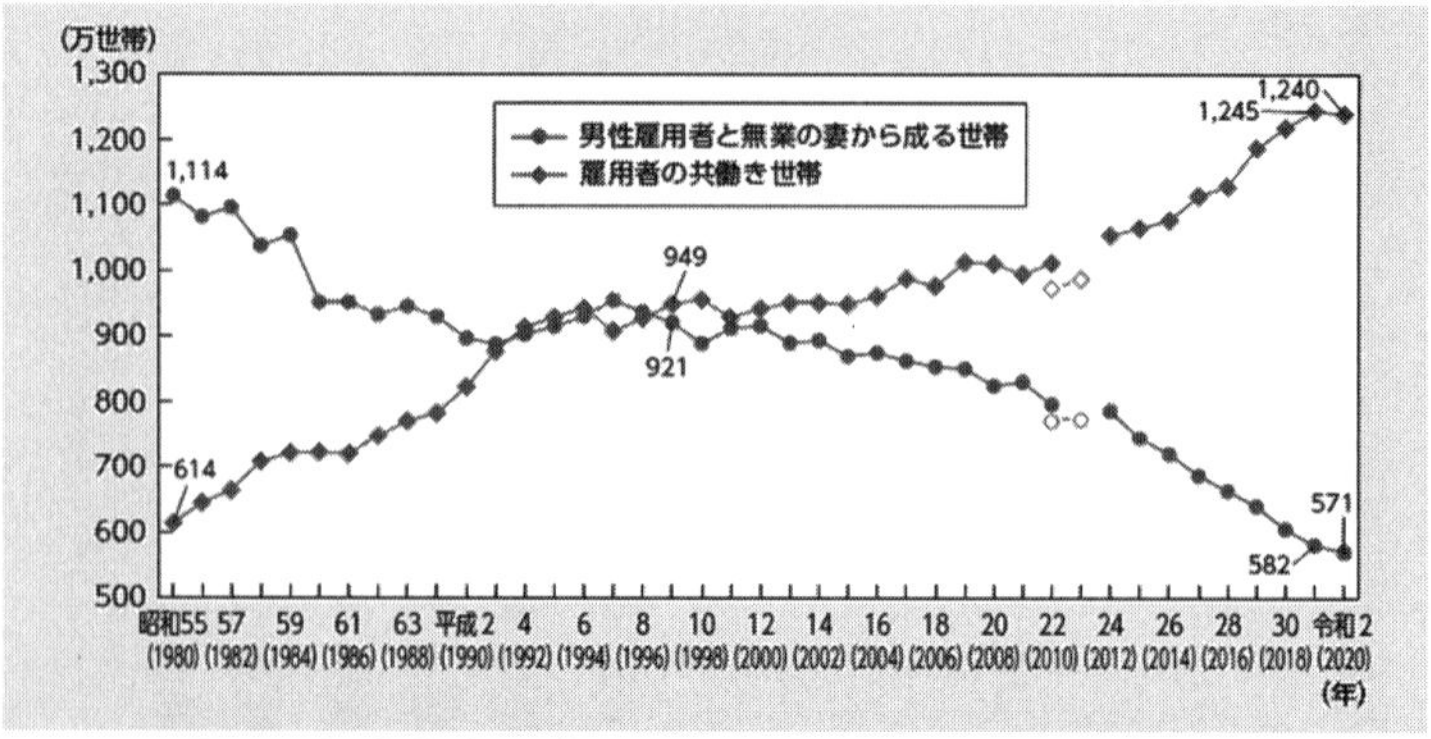

図2　共働き世帯の増加（2020年男女共同参画白書より）

男性にそれなりの賃金を支給できる産業構造があったからです。１９７０年代以降、オイルショックによる低成長や、グローバル化、サービス産業化の中でそうした構図は崩れていきますが、これを、女性の労働力化や男女の均等待遇政策などがカバーし、生活できる家計水準を確保していきました。日本でも、１９７０年代半ばが専業主婦世帯数のピークで、低成長によって男性の賃金上昇が鈍る中、共働き世帯は増え続けます（図２）。とはいえ、北欧などと違って、日本では、保育園の整備などに税金が十分に回されず、フルタイムで働けない女性が多かったため、家に妻がいる男性を基準にした長時間労働が続き、これによって「ワンオペ育児」を余儀なくされてパートで働かざるを得ない女性が維持される悪循環が続きます。それでも、こうした女性の収入なしでは住宅ローンも教育費も払えない家庭は少なくありませんでした。

そうした妻の働きについて、「家計補助」としてその重要さを評価しない言説は今も続いています。ただ、２０２０年の労働政策研究・研修機構とNHKの共同調査[*4]でも、有配偶女性（妻）の労働収入は世帯総収入の３割を占め、正社員の妻では42・7％、非正社員の妻でも23・8％と、それなしでは家計が回らない貢献ぶりを示しています。このような妻の稼ぎの部分がもっと増えていれば、男性はずっと楽になっていたのですが、「女は夫がいるから安くてもいい」とか、「どんなに働いてもしょせんパートの収入」などとして、女性の賃金が抑え込まれ、男性も苦しくなっていたということです。性別役割分業の怖さは、女性だけでなく、実は男性への被害も大きいのです。

しかも、今や非正規女性のうち「夫がいる女性」は６割を切り、４割強が、シングルマザーなどの世帯や単身、負担を避けて親の家に同居する女性などの「その他」で占められているのです（図３）。

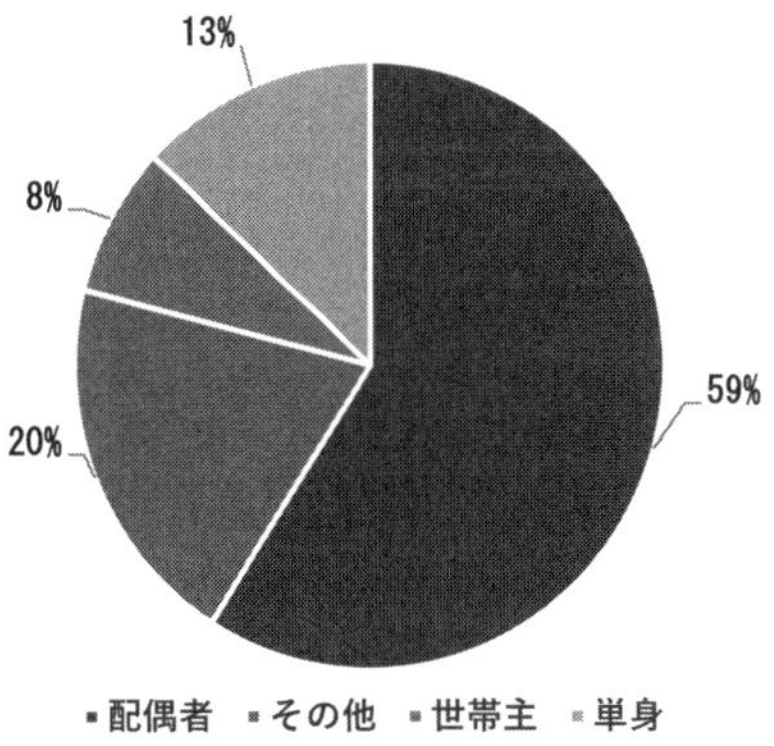

図３　非正規女性の家族内の位置
夫のいる非正規女性は6割弱しかいない
出典：2023年労働力調査をもとに竹信作成

もちろん、選択的夫婦別姓やLGBTへの差別是正を求める法など、性による差別の是正を求める法律の整備へ向けた努力は積み重ねられてきました。ただ、そのような動きは右派の政治家や統一協会などの宗教団体から強い抵抗を受け、しばしば壁に突き当たってきました。背景には、男女という性別に人を押し込め、規範によって序列をつける支配構造の維持に加え、経済的な権力維持への指向があります。家庭に家事・育児・介護負担をできる限り押し付け、女性という無償労働を自由に利用できる仕組みを通じて、社会保障の充実への税金の支出を抑え込み、経済格差を維持したいという思惑の人々の存在がそこにあります。戦前の社会では、暮らしへの公的支出をできる限り抑え込むことで、税を戦費に大幅につぎ込んできましたがそれは、軍需産業や植民地経営によって利益を受けることが多かった当時の富裕層や財閥企業などにとって、大きな利益の源泉ともなりました。戦前の軍事費の国家予算に占める割合を見ると、そのような国の在り方がよくわかります。

軍事費の膨張を支えた「家制度」

明治維新から第二次世界大戦の終了までの80年間近く、日本という国は、ほぼ10年おきに戦争をしてきました。この時期は、海外でも欧米列強の植民地獲得戦争が続いており、日本もその輪の中にいた、ということでもあるのですが、それはさておき、図4を見ていただくと戦争ばかりしている国の経済が私たちの暮らしにもたらす破壊力を、実感させられます。

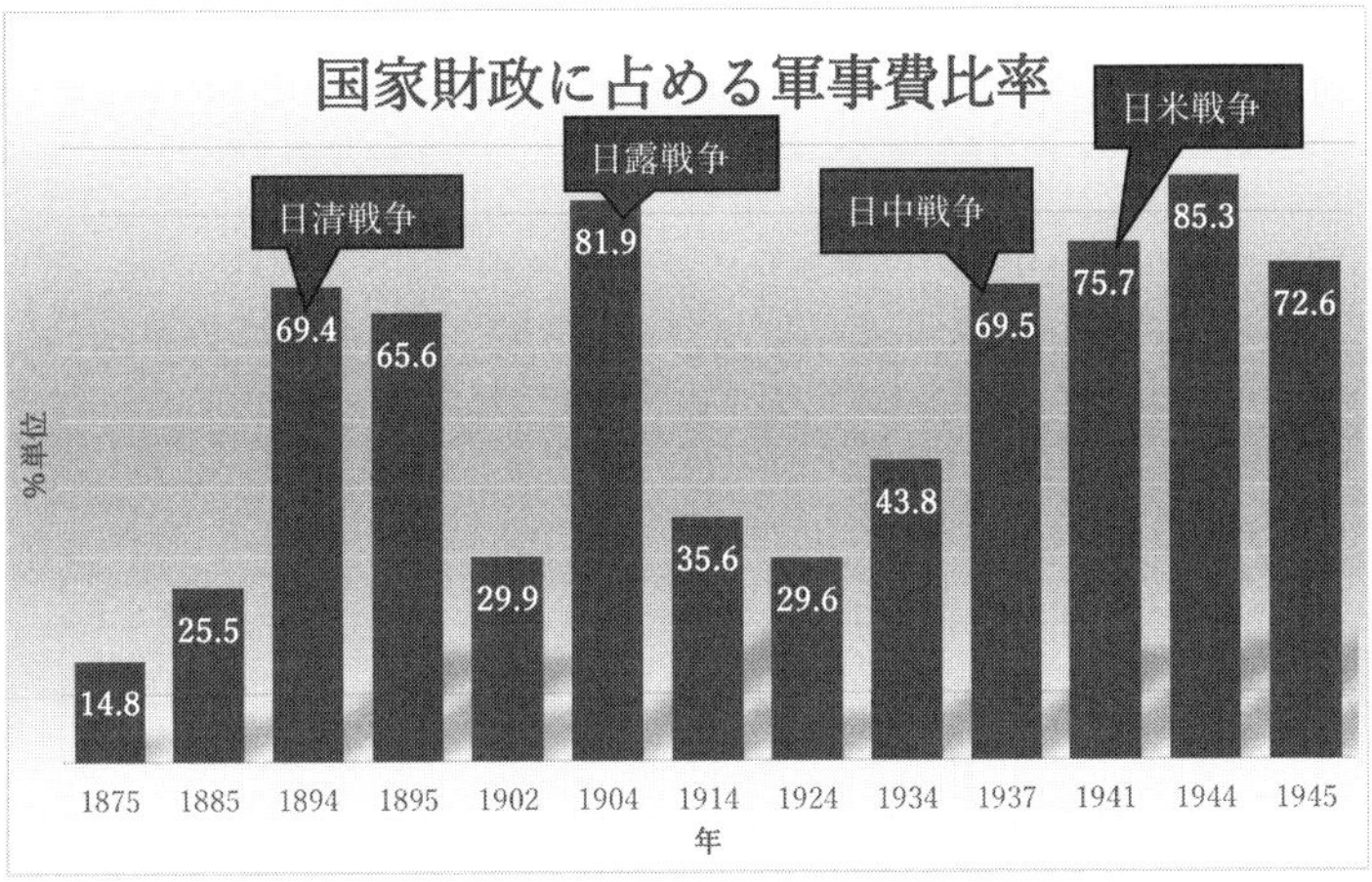

図4　国家財政に占める軍事費率

出典：帝国書院 HP（https://www.teikokushoin.co.jp/statistics/history/detail/5/）をもとに筆者作成

日清戦争が始まった１８９４年の国家財政に占める軍事費比率は７割近くです。それから10年おいた１９０４年には日露戦争が始まり、ここではなんと、８割が軍事費で占められてしまいます。第一次世界大戦はその10年後に勃発して１９１８年まで続きますが、欧州全土を巻き込んだ未曽有の惨禍に、さすがに列強も懲りて、しばらくは大きな戦争のない時代が続きます。第二次大戦が始まるまでのこの期間は「戦間期」と呼ばれていますが、この期間、日本では３割、４割と比率は下がりますが、なおかなりの比率が軍事費に支出され、日中戦争や、続く、日米戦争でも７割前後、敗戦前年の１９４４年には85・３％にも達します。こういう社会で、社会保障や生活に税金を回せるわけがない、ということがわかります。

この数字は帝国書院という出版社のＷＥＢサイトの歴史統計の「軍事費」の項で表になっており、[*5]それをもとにグラフを作ってみたのですが、改めて、戦争が起こるとこういうことになるのかと、驚愕したことを覚えています。

しかも、兵器は購入すると一回きりの支出ではすみません。次はその維持・補修費が継続的に必要になり、冷静にその数字が妥当かどうかを評価することも難しく、よほどしっかり歯止めをかけないと、膨れ上がるのが軍事費だからです。保育園にどれだけのカネをかけるかについてはなんとなく見当がつきますが、その兵器はなぜ必要なのか、どれだけあれば安心なのか、について知識がある一般人は極めて限られています。そのため、隣の国が危険な存在だから、と煽られると、よくわからないけどとにかく出遅れないように買っておこう、などという心理状態に追い込まれます。わかりにくいからこそ、米国などからの強い要請の中で、本当にいるかどうか判断できないまま爆買いに走ることにもなりがちです。密室に追い込んで、「早く買わないと売り切れますよ」と煽り、必要ないものを大量に買わせるＳＦ商法に似ています。

また、保育園なら、それを整備することで私たちは働きに行きやすくなり、収入が増えて生活が向上しますし、子どもたちがそこで良い保育をしてもらえれば、社会を支える次世代の育成に大きく貢献します。でも、兵器は、下手に増強すると相手の不安を高め、「放置すると危険だからとにかく叩いておこう」などと、他国からの攻撃の標的さえされかねません。つまり、軍拡は控えて税金はまず生活にちゃんと使え、を基本原則として確認しながら進まないと、戦費は野放図に増え、それが周辺国の不安をあおって攻撃の対象になり、むしろ戦争の火種になるわけです。

家制度は、「家」という仕組みのトップに「戸主」として男性を置き、女性は無権利状態にしておいて、この家の中で、無償で家事・育児・介護を担い、お金がないなら男性にもらいなさい、とする仕組みです。

この枠組みの下では、女性は経済的に自立できず、財産権も制限されて、事実上、家から出られない状態に置かれるため、言われるままに無償労働を提供して「扶養」してもらうしか選択肢がありません。こうした装置によって国は、ことあれば打出の小槌のように、無償の家事・ケア労働をひねり出させることができ、「産まない女性は役割を果たしていない」と、煽ることで、兵力や労働資源も増産させ、国家の見えないお財布になってきたのです。

こうした政策をイデオロギー面から支えたのが、戦前の女子教育を貫いてきた「良妻賢母」教育です。教育学者の深谷昌司は、１９６６年の著書『良妻賢母主義の教育』[*6]の中で、それは「伝統的な遺物」ではなく、日本の近代化の産物だと指摘しています。深谷によれば、近代化は人々を旧来の秩序から解放し、個人として国家の下に統合します。列強とのつばぜりあいの中で近代国家づくりを迫られた明治政府は、「天皇（親）を頂点とする臣民（赤子）」という国家、すなわち「国体」をつくり出しました。ここでは女性も臣民として国に統合されなければならないわけですが、意識の面だけでなく、女性の経済的利用というニーズがそこに垣間見えます。

深谷によると、当時の女性は、「家」という生産共同体の貴重な労働力でした。男性に従順で有能で無償の嫁労働力が「家」から国家へ流出することを、土着勢力は恐れたというのです。こうした土着勢力との妥協の中で生まれたウルトラCが、臣民である男性を産み育て、かつ、夫である「男性臣民」に奉仕することで間接的に国家に貢献する（だから、国家の利益を生み出しつつ土着勢力も損をしない）という説得の下で登場した「良妻賢母」という女性臣民像だった、という主張です。

深谷が戦時下の政府通達などからまとめた「賢母」の定義は、「（一）国家観念を持ち、（二）日本婦道に通じ、（三）母としての自覚を持ち、（四）（子どもへの教育のため）科学的な素養もあり、（五）健全な趣味を持ち、（六）身体も強権で、『個人主義思想ヲ排シ日本婦人本来ノ従順、温和、貞淑、忍耐、奉公ノ美徳』を備えた女性」です。母としての自覚も科学的素養もあるが個人主義ではなく温和、というなんでもありの便利な母親像は、国が女性に教育者としてのスキルアップを施しつつ、個人として解放しないことで土着層と取引した結果の国策だったということになります。

焼き直された旧憲法・民法

このような、便利な打ち出の小槌としての「家制度」を否定したのが、日本国憲法でした。新憲法に14条（「すべて国民は、法の下に平等であって、人種、信条、性別、社会的身分又は門地により、政治的、経済的又は社会的関係において、差別されない」）や24条（家庭内の男女平等）が規定されたとき、旧勢力は反対しました。その反対ぶりは、9条や天皇条項と同じぐらい強かったと、男女平等の条項を起草したベアテ・シロタ・ゴードンは証言しています。新憲法の条文を検討する場で通訳を務めていたベアテは、その情景を次のように描いています。

「次の人権に関する条項は、日本の国に向かない点が多々あります」。日本側の発言に、私の眠気は吹っ飛んだ。（中略）その中には聞き捨てならない発言もあった。「日本には、女性が男性と同じ権利を持つ土壌はない。日本女性には適さない条文が目立つ」[*7]

それは、「頭の古い男が脱皮できずに因習にしがみつく」という域を超えて、これまで述べてきたように、便利な利益の源泉としての女性の無償労働は絶対手放したくない、という意思の表れだったと考えるべきではないでしょうか。深谷も述べているように、それは「伝統的遺物」というより、近代化の中で、植民地の獲得競争に勝つための最新装置だったのです。

次のポイントは、このような軍事優先国家の軍事費捻出の背骨であった「家」という制度（つまり、民のための生活予算を目いっぱい抑制して国が利用できる公費を増やすために、女性の無償労働を手軽に引き出すことができる装置）を実質的に残そうとする試みが、あの手この手で、戦後もしっかりと続いていたことです。たとえば、「戸主」という言葉はなくなりましたが、「世帯主」という言葉がその代替物として利用され、家族である女性と子どもを管理する手段として、何かあると利用されたことです。

戸主は、家族を扶養する義務を負い、家の財産を承継するとともに、家族の婚姻・縁組みなどに許可を与える権限などを持つ人です。一方、世帯主は、「収入の多少，住民基本台帳の届出等に関係なく，各世帯の判断によっています」（総務省「国勢調査の結果で用いる用語の解説」）、「年齢や所得にかかわらず、世帯の中心になるものとして世帯側から報告された者」（厚労省ホームページ）とされていますから、戸主とは全く異なるものです。ただ、戸主のイメージを引き継いで、戦後も男性で主たる生計者を世帯主とする世帯が圧倒的に多く、大きな震災やコロナ禍などで支援金が支給されるときは「世帯主」が受給権者として指定されるため女性や子どもなどの必要とする個人に届かなかったという例が、いくつも起きています。

また、福祉は税金をできるだけかけないで、家庭（＝女性）が無償で担うべきだ、という「家制度」的な発想は根深く残り続け、財政が危機になるたびに、より巧妙でソフトなやり方で、この発想が呼び戻されます。たとえば、１９７９年に自民党福祉部会がまとめた「日本型福祉社会構想」は、「日本型の福祉社会は、個人に自由で安全な生活を保障するさまざまなシステムからなる。そのようなシステムの主なものは、個人が所属する（あるいは形成する）家庭、個人が所属する企業（または所得の源泉となる職業）、市場を通じて利用できる各種のリスク対処システム（保険など）、最後に国が用意する社会保障制度である」[*8]というものでした。ここでの「福祉」は、家庭（女性の無償ケア労働）、企業（男性の賃金による世帯収入）、市場（保険や金融商品の自力購入）が担い、そのどれからも外れてしまう人について最後の手段として国（社会保障制度）が救う、ということで、性別役割分業にもとづく家庭の自己責任を基本としています。これは、戦前の「救貧制度」の出発点とされる、１８７４年の「恤救規則」の延長線上にあります。「恤救規則」では「人民相互の情誼」（「共助」）を基本に、親や共同体で救済できない人々だけに米代を支給する、とされているからです。

１９７９年は第二次オイルショックが起き、経済への打撃と税収の減少が問題になっていた年です。北欧などの福祉を、国や社会が個人を支える福祉、と位置づけ、これに「日本型」として、原則は家庭を通じた女性の負担強化でしのぎ、国の支援は例外、という旧民法的な「福祉」を対置したものです。財政支出を抑えられる「家制度」的な仕組みを呼び戻すことで、景気の悪化による税収不足をしのごうとしたわけです。

日本の戦後憲法は、25条で、個人に対し健康で文化的な最低限度の生活を保障し、24条で、家庭内の男女平等、14条で性などによる差別を禁止しているわけです。ところが、危機が起きるたびに、「家制度」へと政策は本卦還りし、敗戦への反省からオクラ入りさせられた戦費捻出法を、呼び戻そうとする政治手法が、繰り返されます。こうした家族や女性に依存する福祉は、単身世帯が増え、男性が独力で家族を扶養できる賃金が必ずしも保障されなくなった時代の実態に合いません。その意味でも、すでに「家制度」は死んでいる仕組みであり、「ゾンビ家制度」と名付けたのはそうした意味もありました。

男女平等順位125位の本当の原因

ここまで来て、いや〜、いまはまだ「防衛費2%」でしょ、戦前とは水準が違うじゃないか、と反論したくなる人もいるでしょう。そうでしょうか。

経済学者の神野直彦によると、財政の基本機能は、生産物の生産に必要な労働や土地、資本などに私的所有権を設定して守り、市場経済を機能させるため警察や司法、防衛を公共サービスとして提供するものと考えられてきました。ただ、産業革命以降の産業構造の変化と景気変動の激化で、19世紀後半から個人の責任ではない格差と貧困が大きな社会問題になり、私的所有権を守るだけの「小さな政府」では社会は機能しなくなります。格差と貧困が前代未聞の悲惨な戦禍を引き起こしたという反省も背中を押し、「国民の生活保障を政府責任として引き受ける社会国家、あるいは福祉国家」と呼ばれる「大きな政府」が戦後世界の基本、または目指すべき姿となったわけです。[*8] 軍拡の歯止めを撤廃して軍事費が「社会国家」を目指す動きの障害となれば、こうした政府の役割が引き戻されることになりかねません。

こうした福祉国家の後退は、家事やケアなどを通じてその穴を埋める家庭の負担を増やし、これらを自己責任として第一次的に引き受ける女性の負担は法外になります。たとえば、2024年7月下旬にひとり親家庭サポート団体全国協議会が行った調査では、エアコンの電気代が急上昇し、学校給食がなく食費も物価高騰で上昇しているこの時期、3人に1人が1日2食でしのいでおり、「おかゆやもやしでかさ増し」「子どもに食べさせたいので親はご飯無しで味噌汁だけ」といった回答も見られます。軍事費のほんの一部でもこうした家庭への食費支援に回されていれば、母親たちの負担は大幅に減ったでしょう。

2023年度の日本の男女平等度の順位は、世界の146か国中125位（世界経済フォーラムの2023年版「ジェンダーギャップ指数ランキング」）という低い水準にあります。しかも、この調査が始まった2005年以来、多少の上下を繰り返しながらも年々順位が低下傾向をたどっています。この動きにも、これまで述べてきた「ゾンビ家制度」の長きにわたる増大が影を落としています。この間、女性は活躍しようにも、福祉予算が不十分なために保育所不足や介護の壁で活躍できずに来ました。

夫婦別姓のように、予算措置が必要なく、実現へのハードルが低そうなものまで、統一協会、神社本庁などの宗教右派や、「戦後失われようとしている健全な国民精神を恢弘し、うるわしい歴史と伝統にもとづく国づくり」（同会議HP）を掲げる「日本会議」などの反対で1990年代半ば以降、改正を封じられてきました。最近では若い女性に対する支援を行ってきた「コラボ」のような女性団体が、SNSを通じてジェンダー平等に反対する人々から集中砲火を浴びたりもしています。さまざまな力を使って、「家制度」を、戦後的な形に変換しつつ復活し、「家からの脱却」を叫ぶとこのような嫌がらせに遭うという刷り込みを行い、女性が外で活動できるために必要な生活関連予算を増やす声を上げることを自主規制させるという懲罰的動きが繰り返されてきたわけです。

雇用平等を求める女性たちの動きによって、1985年、「男女雇用機会均等法」は制定されたわけですが、これでも、男女がともに働いて家事育児を担える男女共通の労働時間規制ではなく、青天井の残業を引き受けて働く男性と同じに残業を引き受けたり転勤ができたりする女性だけに男性並みの待遇の正社員になることを認めるという枠組みで出発しました。これは女性が労働市場に出ていくことを促す法律だったわけですから、普通に考えれば、保育所予算の大幅増や、労災の男女別統計をもとにした健康対策や、生理時に安心して休める仕組みの整備などが必要だったはずです。ところが、男女別の労災統計は1970年代になくなったまま、2014年になるまで復活されませんでした。

このようにして、国のリソースが男女平等に使われない事態を続けてきて、男女平等順位が浮上するわけがありません。1999年、カナダにいた日本の外交官が「妻を殴るのは日本の文化」と発言したと報じられて海外から顰蹙を買いましたが、[*9]それは日本固有の文化でも伝統でもありません。日本の問題点は、男女平等を規定した憲法ができたにもかかわらず、それを空洞化し、日本は別と言わんばかりに「家制度」をゾンビのように形を変えて呼び戻し、利用し続けようとしたことです。9条だけでなく、24条、14条、25条といった生活を守る条項も、空洞化され続けてきたのです。私たちが払った税金が子育てや女性も含めた幅広い働く人のためには十分に使われず、国威発揚や一部の層の利益や満足のために重点的に使われてきたことが、男女平等順位の低さを悪化させてきたとも言えるでしょう。戦前の軍拡のためにつくられた生活軽視の枠組みが、戦後もソフトに維持されてきたことに問題があったのです。

そうした公的資金の在り方に、戦後、軍事支出には回せないとして、かろうじて歯止めをかけてきたのが9条です。それが、先に述べたように無化され、軍事費へとダダ洩れしていくバケツの穴があけられてしまいました。今後、この穴をふさがない限り男女平等順位はさらに下がるでしょう。

そうした構造を端的に明るみに出したのが、2024年2月に高裁判決が出た「介護ヘルパー国家賠償請求訴訟」でした。これは、「戦争は始まる前に人を殺す」のわかりやすい例ですので、紹介しましょう。

張り巡らされた公的費用を抑制する仕組み

この訴訟は、原告は3人のベテラン訪問介護員（ホームヘルパー）たちが2019年に起こした訴訟です。3人は、ヘルパーの労働条件が十分守られていないこと、その結果としての慢性的な人手不足が指摘されても一向に解消しない「国の不作為」があること、を問題にして提訴しました。一審判決は、労働条件は使用者の問題として訴えを棄却しました。一方、高裁判決は、「訪問介護の現場では、賃金支払に関する労働基準関係法令の遵守や、賃金水準の改善と人材の確保が、長年にわたり政策問題とされながら課題の解消に至っていない」として、そうした原告らの主張を、事実としては認めました。ただ一方で、それらは国家賠償法違反に当たる「著しい不合理」とまでは言えないとして控訴は棄却され、ボールは政治解決に委ねられる形となりました。

たしかに、一般論で言えば、被雇用者の労働条件の責任は使用者にあります。にもかかわらず、原告らが「国の不作為の責任」をあえて問題にしたのは、ヘルパーの労働条件が、国の介護報酬によって決定づけられ、それが、ヘルパーの賃金を抑制し、利用者のニーズも抑制し、最悪の場合は、まともな介護サービスを受けられなかった高齢カップルの老老殺人の原因にまでなっていたからです。

介護報酬は3年ごとに改定されますが、これは当初、実態に合った報酬へ向けて定期的に条件を改定できる仕組みと説明されていました。ところが、その仕組みによって、介護報酬が国の都合で短期で変えられ、先が見えない介護事業所の経営ぶりや、介護労働者の生活の不安定化を招いたと、原告らは指摘しています。この方式では、介護サービス1件につきいくら、といった「出来高払い」に似た形で介護報酬額が決められ、訪問介護に不可欠な次の訪問先への移動時間や、キャンセル、待機時間、記録作成時間などの付随労働についての支払いは介護報酬の中に明確に規定されていません。これらは労基法では賃金の対象として規定されていますから、こうした設計が労基法の違反状態を生む原因になっている、ということになります。

相次ぐ批判に対し、厚労省も２００４年、「訪問介護員の移動時間や待機時間は原則として労働時間に該当する」という通知を出し、その後も再三、支払いを求める確認通知を出してきましたが、報酬の設計が壁になって十分に改善されていません。

そんな設計が正面から問われずに来たのは、「ケアは主婦がただでやってきた仕事」（筆者が取材で聞いた、介護保険発足時の事業者の言葉）といった社会に蔓延するジェンダー差別、ケア軽視の意識が根底にあります。介護保険はそうした意識、つまり、家制度がはぐくんできた意識を、むしろ利用した低報酬で成り立ってきたとも言えます。

原告側の主張に対し、裁判での国側の答弁は、介護報酬には、移動時間などへの対価が一括して含まれているというものでした。だが、原告側が「含まれている」とする根拠をただしても、確たる回答はなく、報酬改定の際に根拠とされたのは経営側からの聞き取りによる「介護事業経営実態調査」だけ、ということもわかってきました。労働基準監督官も監督しているので国は責務を果たしているという抗弁もありましたが、経営側のみを対象にした調査で「移動時間への不払い」という経営に不利な事実を明るみに出せるのか、また、国際的に見て人口当たりの数が少ないとされる監督官の数で、膨大な事業所への指導ができるのか、という原告側からの疑問も、法廷では相次ぎました。

加えて、「効率化」として介護時間の細切れ化も進められました。２０００年の発足時、介護保険の基本報酬の区分は、「30分未満」「30分以上1時間未満」「1時間以上」の3種類でしたが、「生産性」「効率化」路線の中、2012年の改定で、「20分未満」「20分以上30分未満」、「45分以上」「60分以上」「70分以上」など介護の種類によって細分化され、大幅に短縮されたからです。「不要なサービス提供」による利用者の経済的負担を減らし、ヘルパーの減少の中でもサービスを維持できるなどとして、「人手不足の解決策」として喧伝されましたが、現場の証言では、認知症の改善に極めて重要な認知症利用者との対話が難しくなるなど、実際は利用者へのしわ寄せともなりました。原告の一人の高裁での最終陳述によると、改定前は、「冷蔵庫に何があるか聞いて、一緒に調理する余裕があり」「本人同意、本人選択という教科書通りの介護の基本を実践」できたが、改定後はそれも難しくなった、というのです。

そのため、低待遇を補っていた「人と関われる」という介護の魅力さえ薄れ、若者の参入が減り、現場はいま、50代以上が7割を占め、人手不足の度合を示す有効求人倍率は15倍にまで膨らみました。短時間化は「ヘルパーの人手不足の解決策」ではなく、人手不足の原因になったわけです。介護報酬抑制を優先する政府の姿勢が、そこにちらつきます。

ヘルパーの高齢化や人手不足、事業の収支悪化などが響き、2023年の介護事業所の倒産は60件に達し、共同通信の全国調査では、地域介護を支える社会福祉協議会の訪問介護事業所が、過去5年間に約220か所、約13％減っていることもわかっています。ただ、国は判決に先立つ1月22日、介護報酬の改定率はプラス1・59とする一方、実態に合わない調査の数字をもとに「黒字だから」と訪問介護では引き下げ方針を発表し、代わりに職員に対する処遇改善加算を引き上げるとしました。加算方式は、申請に手間がかかり、中小零細には利用できない例も少なくないと言います。原告らはこれこそ「著しい不合理」を示す新しい事態として、最高裁への上告を決めました。

このほかにも、ヘルパーの賃金が上がると、それが保険料の上昇に跳ね返る仕組みになっているため、利用者が自らのサービス低下につながるヘルパーの待遇抑制に、むしろ加担してしまう仕組みもあります。利用者が上限を超えてサービスを利用すると自己負担が大幅に増加する方式によって、利用を自主規制させる仕組みも組み込まれています。こうした中で、「介護は自分でやるしかない」と、公的な支援をあきらめ、限界にきて配偶者を殺す、という老老介護が、ここ数年、頻発しています。

かつての「家制度」は、女性の政治的・経済的権利を制限し、男性戸主に国の代理として女性を監視させる形で、女性を無償の家庭内の家事・ケア労働へと追い込む仕組みを作り上げ、これを通じて軍事費をひねり出しました。9条や24条、14条が規定された戦後憲法では、そうしたあからさまな法的制限はできなくなりました。そのため、介護保険に見られたような、利用者がケア労働者の賃上げに抵抗したり、利用を自主規制せざるを得なかったりするような行動を生み出す経済的な仕組と、女性は夫の扶養下にあるから低賃金でも困らないというイメージを利用して生活関連予算の抑制を行ってきたことになります。

こうした仕組みを徐々に完成させたところで9条を空洞化させ、生活予算を一気に軍拡へと流し込む――。「ゾンビ家制度」の威力がここにあります。

「異次元の少子化対策」のトリック

このような「ゾンビ家制度」の強化は、岸田政権による軍拡路線以降、さらに巧妙化し、勢いを増しています。代表例が、「異次元の少子化対策」です。

これは、強制ではなく、実質的な女性へのケア労働負担のしわ寄せを作り出すという意味で、介護保険と似ていますが、介護保険以上に軍拡と深い関係があります。岸田政権が発表した「5年間で43兆円」の軍拡予算は、日本社会がコロナ禍をようやく抜け出しかけていた2022年12月に発表されました。この時期は、コロナ禍で「女性不況」[*10]として露呈した非正規労働者の休業手当の弱さや、医療、介護、保育などに従事するケアワーカーの低待遇が論議になり始めていました。ところが「5年間で43兆円」宣言は、コロナ関連予算を打ち切って軍事へと振り向ける一つの号令となり、5か月後の2023年5月にコロナは季節性インフルエンザと同じ「5類」に移行します。女性・非正規労働者も含めた労働条件の整備で人手不足を乗り切り、少子高齢化の中のケア需要の増大に対応する実態に即した仕組みづくりの好機だったのですが、それをなかったことにするかのような宣言でした。

これまでも述べてきたように、とりわけ女性たちは、性別役割分業を背景に、生活関連予算の削減で真っ先に影響を受け、負担増のターゲットになりがちです。そうした女性たちが、「台湾有事」や、ウクライナの連想から来る「隣国からの侵略」キャンペーンがあふれる中で、「息子が戦争に行くかもしれないから軍備増強は必要」と言い出しているのを耳にし、「息子は、『戦争で殺される』前に、教育費の削減による奨学金の今以上の負担などで、自殺にまで追い詰められるかもしれない」と知ってもらう必要があると決意しました。

新聞記者の望月衣塑子さんや、杉浦ひとみ弁護士などの知人に声をかけ、集まってきた女性たちが2023年2月、元法政大学学長の田中優子さんを会長に、「平和を求め軍拡を許さない女たちの会」というネットワークを立ち上げました。

ネットワークでは、「#軍拡より生活」をスローガンに「異次元の軍拡」に反対するキャンペーンを張り、わずかな期間に7万人の電子署名が集まりました。それに対抗するかのように繰り出されてきたのが、「異次元の少子化対策」でした。「軍拡が生活予算をつぶす」という女性たちの声の火消しとして、少子化はちゃんとやる、生活に影響はない、ということをアピールし、「異次元の軍拡」にぶつけるように繰り出されたのが、「異次元の少子化対策」というネーミングだったと思います。というのも、この政策は、当初、財源さえはっきり示すことができない、にわかごしらえの代物だったからでしょう。

その後、ただの火消し、という批判に対抗するかのように、一応の財源措置が発表されますが、そこからは、介護保険と相似形の「サービスの需要が増えても公的資金は増やさないようにする仕組み」が浮かび上がってきました。それは、児童手当や保育サービスのような既存の子育て支援関連予算を「こども・子育て支援特別会計（「こども金庫」）に一括して集め、消費税、さらに追加資金として、健康保険などの医療保険料への上乗せによる「支援金」の徴収によって、一般の人々や企業から子育て支援金を広く徴収し、これまでの子育て支援策を再編して「加速化プラン」としたものに、その資金を充てる、というものです。

なぜ、財源は安定財源からではなく、不安定な消費税なのか、なぜ、医療のためのものであるはず保険から、目的外とも言える徴収を行うのか。なぜ「支援金」という形をとるのか。それは、大規模な軍拡のために既存の使える公的資金は絞り出され切っており、新しく、別の場所から広く集めるしかなかったからです。２０２３年４月23日付「朝日新聞」は、軍拡費用として消費増税を行うはずだったが、岸田首相の消費税は上げないという宣言によって、「法人税、所得税、たばこ税の増税を確実に実施」することになったと報じています。そこでは、

「国有財産の売却や剰余金などは、防衛費財源として、すでに絞り出している」とあります。つまり、軍拡のために、法人性や所得税などの安定財源はかき集められるだけかき集め、「異次元の少子化対策」のためのまともな財源はなかった、ということなのです。

一方、子育て支援の財源としては、このような医療保険料の上乗せによる「支援金制度」のほか、「徹底した歳出改革」、予算の未執行分などの「既定予算の活用」が3本柱とされ、財源が不足する間は「こども特例公債」を発行するとされました。つなぎ国債の発行によって導入時の抵抗感を減らしてとにかく始めてしまい、あとからじわじわ負担を引き上げていく手法です。また、医療保険は高齢者も子どもがいない人も単身者も含めて広く加入しているため「薄く広く」多額の資金を集められ、医療という命綱に関わっていることもあり、税に比べて払う側が抵抗しにくいことも狙われたようです。ここに、「全世代型支援」という美しい名がつけられ、「助け合いなんだから」として抵抗できない空気を作り出しました。ここには、先に述べた「恤救規則」に見られるような、戦前の救貧制度の「共助」のからくりが見え隠れします。国民の貧困や子育て状況の改善に、政府として義務と責任を負うのではなく、「ホントは自己責任なんだけど、まあみんなも見過ごしにはできないだろうから助け合って解決してよね」という感じです。

また、「社会保障の歳出改革」というと、無駄なものを減らす「断捨離」みたいで聞こえはいいですが、それは医療や生活保護などの予算を削減する、ということです。少子高齢化が進めば、高齢者にかかる医療費などが増えるのは普通です。それを「年寄りの無駄遣いのせい」とすり替えて世論の批判を動員し、当事者を黙らせる言葉の包囲網がそこにあります。いずれも、「軍拡は見えない仕組みで生活を圧迫する」を実証する例です。

こうした「異次元の少子化対策」の構造について、北明美・福井県立大学名誉教授は、防衛費増額は国の安全保障にかかわる恒久的な措置であり、安定財源を確保する必要があるとした2023年10月20日付「毎日新聞」での財務大臣発言などを挙げ、「防衛費ならば安定財源が確保されるのに、社会保障費はそうでないかのように扱われる」、子育て支援策は、支援金や消費税収の枠内にとどめ、「他の一般財源の税は社会保障以外の政策のためにとっておく」ということか、と疑問を投げかけています。[*11]

介護保険は、高齢化でサービス需要が増えても一般財源に影響を及ぼしにくいように、利用者による保険料負担で増加分を支えるよう設計され、ヘルパーの労働条件が上がると利用者の負担になる仕組みによって両者を対立させ、政府批判をそらせるように作られてきましたが、それと似た状況が、子育て支援策にも持ち込まれ、そこでは、介護保険以上に露骨に、軍拡のための安定財源確保が狙いとされていたということです。こうして、一般財源に影響が及ばない範囲内にケアへの支援を押し込め、その設計からサービス需要がはみ出した場合、それは家族（＝主に女性）の負担として義務付けられ、それが困難な場合は、老々介護、最悪の場合は心中という家族同士の殺し合いで自己解決されることになります。

軍拡予算は、こうしたはみだし部分を増やし、見えにくい形で人を殺します。それが「戦争は始まる前に人を殺す」メカニズムです。それでも、人々の不満はなかなか政府には及びません。「ゾンビ家制度」は「女性が奉仕の精神で無償で社会保障を担えばみな幸せになるのに、それをしないわがままな女性が増えたことが問題だ」といった論調を作り出すからです。実際、数年前、保育士不足について考える勉強会を開いたとき、新聞の案内を見てやってきたという中年の男性が飛び入り参加し、次のように発言しました。

保育士が足りなくなったのは低待遇のせいではないのでは。今の女性が自己主張するようになり、子育てという手間のかかることが嫌いになったからでしょう。

今後、軍拡に圧迫されて、子育てなどへの生活関連予算が減らされていったとき、こうした「女性がわがままになり、子育てが嫌いになった」という誤解が有効に流布され、ケア労働者の待遇改善要求を抑え込んでいく恐れがあります。それだけでなく、女性全般の平等要求への反発や封じ込めが広がる可能性も否定できません。

共同親権による子どもへの公的支援削減の恐れ

2024年4月、あっという間に衆議院で可決されてしまった「共同親権」も、「ゾンビ家制度」の一つと言えるでしょう。これは、民法を改正して離婚後の子どもの親権を父母双方に認めるものですが、「離婚しても親は親」「協力して子どもに責任を持つのはいいことだ」という美しいイメージの拡散によって、当初はほとんど反対の声が表面化せず、私自身も漠然とそうした「いい印象」を持っていました。ただ、この改正の過程で、争点は共同親権そのものの是非ではないことが浮かんできました。そこに見えてきたのは、父権の拡張と公的負担の軽減を図る「日本型共同親権」とでも言える実像です。

いい関係で別れたカップルは、共同親権がなくても話し合って面会の機会を設けるなど、離婚後も共同して子育てをしています。一方、DVなどによって関係が悪化していた場合、共同親権があってもそれは簡単ではありません。身体的暴力などのわかりやすいDVでなくても、経済的DVや言葉の暴力などで関係を持ちたくない状態になって別れるカップルは少なくありませんが、その場合にも裁判所が共同親権を認めることがあり、個人の合意なし共同親権が決められてしまうことがありうるのが日本型共同親権なのです。

一緒にやっていけないからこそ離婚したにもかかわらず、両性の合意なく、「共同親権」の導入で親としての権利が主張され続ける場合があるということは、憲法24条にある個人の合意のみによる婚姻に反するとの見方もあります。父権を重視した戦前の家制度のソフトな焼き直しではないのかという危惧の声が出るゆえんです。「子どもの意見を無視した強要になれば子どもの人権に反する」とする子どもの側からの声も出ています。

特に、国会審議では、この制度が子どもへの公的支援の削減に利用される恐れも指摘されました。

衆議院で法案が可決した2024年4月、盛山正仁文部科学大臣は閣議後の記者会見で、共同親権が導入された場合、高校の授業料負担を軽減する「就学支援金」について「当然親権者2人分の収入に基づいて判定することになる」とし、「もう1人の親権者と連絡が取れない場合などは、個別のケースごとに対応していく」と述べました。「就学支援金」は、「高校無償化」制度のことで、父母（親権者）の年収に応じて、高校の授業料に相当するお金（公立11万8800円、私立39万6000円）が国から支給されます。文科省の試算では、子ども1人の場合、親権者1人なら、公立は年収約910万円以下、私立は年収590万円以下が対象でした。この基準額が、親権者が父母双方になり、両親の所得の合算となると、年収1030万円以下、660万円以下になるというのです。つまり、今までもらえていた高校無償化の枠から外れる子どもが出てくることになります。離婚したシングルマザーの家庭が共同親権となると、ただでさえ非正規が多く所得が低いこれらの家庭にとって、大幅な負担増になります。

このようにして公的支援が減った場合でも、日本型共同親権制度は養育費を確実に保障しません。北欧やフランスでは、教育費の無償化に加えて国による養育費の取り立て代行制度があり、親の責任を求める傾向が強い米国などでもこうした取り立て制度はあります（熊上崇・赤石千衣子編『別居・離婚後の「共同親権」を考える』明石書店、2024年）。それが、ここでは設けられなかったからです。背景には、共同親権推進派の次のような養育費観がちらつきます。

養育費の義務化のみをことさらに主張して「共同養育」を軽視し、共同親権に反対する主張を一部の女性団体などがしているが、これは「男性は仕事だけしてお金だけ出せば良い」という、男女共同参画の理念に反する差別意識が背景にある。このような歪んだ「逆差別」意識を解消していく必要がある。男性をATMのように扱う主張は明らかな人権侵害であり、このような考え方が男性差別であるという認識を社会に広く浸透させる必要があろう。[*12]（髙橋史朗・麗澤大学大学院特任教授）

共同親権を理由に公的支援が削減される場合はあるかもしれないが、共同親権を持つ父の経済的支援を確保する仕組みはつくらない（＝父は口は出せるが、その私的財産について国は踏み込まない）という今回の仕組みは、こうした養育費観にぴたりとはまります。私有財産の保護に特化した「小さな政府」は、先に述べたように19世紀前半以前のものですが、日本社会でそうした規範が「ゾンビ家制度」として息を吹き返しているのです。

こうした離婚女性に厳しい制度のつくられ方を、父権を抜け出して離婚を選んだ女性への経済的懲罰とする見方もあり、共同親権反対運動の中では「離婚禁止法」という言葉まで飛び出しました。

これらの欠陥を質した議員たちの質問に対し、参議院の国会審議では、「保護者の一方がDVや児童虐待等により就学に要する経費の負担を求めることが困難な場合には親権者一名で判定を行う」との答弁がありました。とはいえ、ほかの奨学金や手当などがどうなるかは「これから決める」という見切り発車です。就学支援制度の運用は自治体の裁量に委ねられているので、国が軍拡予算に財源を回すため自治体予算を削減すれば、財源が乏しい自治体は「自発的に」就学支援金を絞る方向へ追いやられます。そのときに、共同親権が枠から外される子どもを増やす口実に使われかねません。これもまた、ソフトな家制度の強化による公的資金の削減を円滑にするものと見られ、監視が必要です。

「4割が非正規」の社会が生む戦争に反対できない社会

このような社会の改変が円滑に進んだ背景には、一般の働き手の発言が大幅に弱められた現状があります。非正規雇用が4割近くまで増やされ、こうした短期契約の働き手は契約打ち切りを恐れて労働組合に加入することも、まとまって会社と交渉することも、ストライキなどを行うことも、控えるようになっていきます。これらの権利は「労働3権」「労働基本権」と呼ばれ、憲法28条で保障されているのですが、日本では4割近くが、こうした労働基本権を事実上使えない状態になっているということです。

そこにも「ゾンビ家制度」は大きな影を落としています。低賃金で短期契約の不安定な非正規がこれほど増えた出発点には、女性は経済的自立ができなくても夫がいるから困らない、という「家制度」そのものの考え方があります。「家」は新憲法では否定されているのですが、「ゾンビ家制度」は、それを、「男性という世帯主に賃金を集中させ、家庭内の女性を扶養させることで、無償の家庭内労働に従事させる」という経済的な強制力で維持してきたからです。

このような、「安くても困らない労働者」という虚偽のイメージをかぶせられた女性非正規は、「安くて便利」なため正規労働者が担っていた仕事にも拡大し、1990年代後半のバブル後の大不況の際に、さらに規制が緩和され、そこにリストラされた男性たちも投げ込まれていきますが、非正規の7割が女性で占められているのは、このような経緯があるからです。

こうした社会では、賃金も上がりません。働く人たちから「上げてほしい」という圧力が働かなければ賃金は上がらないからです。まず、賃金が上がらなくても、社員が機嫌よく、ニコニコして働いてくれれば、雇い主は不満がないのだと思い、賃上げをしようという気にはならないでしょう。それ以上に、時給制や出来高払いの働き方は、中長期でモノを考える余裕がある人々を減らし、社会全体を壊していきます。今回の軍拡の動きについて、さまざまな人々に意見を聴く機会が増えていますが、派遣やフリーランス、パート、契約社員の人たちからは「目先の仕事に追われて、そんなことについて落ち着いて考えていられる余裕はない」と言われることが増えています。そもそも「女性は夫が扶養すればいい」という「ゾンビ家制度」の規範を変えないと、働く女性を増やせば増やすほど低賃金労働者を増やすことになってしまうので、労働者全体の取り分は減ります。これほど便利な賃下げ装置があるでしょうか。「ゾンビ家制度」を押し返すことが、男性も含めた一般の人々にとっていかに重要なテーマであるかがわかってきます。

戦争はどのようにして始まる前に人を殺すか

このような事態を防ぐために、私たちは何ができるのでしょうか。第一歩は、ゾンビ家制度のメカニズムを知り、共有化することでしょう。コロナ禍が急拡大した２０２０年11月に起きた大林三佐子さん事件から、そのための手掛かりを与えてくれます。

当時64歳だった大林さんは非正規の仕事をつないで単身で生活を立ててきました。コロナ禍で非正規の仕事が大幅に減少し、家賃が払えずに路上に出ざるを得なくなり、東京都内のバス停で寝泊まりしていたところを、通りがかりの男性に石を詰めたペットボトルで殴られ、亡くなりました。そこには、「ゾンビ家制度」がいくつもの影を落としています。

まず、「女性は雇用を失っても夫が支えるはず、とされ、低賃金でもセーフティネットが極めて弱くても構わないとされてきたこと」です。その結果、コロナ禍での仕事の減少で働き先を失った大林さんは、貯えもなく、休業手当もないまま放りだされることになります。そんなときには生活保護が支えになるはずです。ところが、大林さんは親族に迷惑をかけることを気にしており、ＳＯＳを発することができなかったようです[*13]。生活保護には申請した時、扶養照会として、一定範囲の親族に、金銭的に面倒を見られるかどうか、連絡が行く仕組みがあります。それを恐れた可能性があるのです。個人の人権として政府が生存権を支えるのでなく、家族にツケを回す「家制度」のしっぽが、大林さんの命綱を断ち切ったわけで、それは、個人の権利を公費が支えるはずの戦後憲法の空洞化の進行の中で培われてきました。今進んでいる野放図な軍拡は、生活予算を巧妙に制限することで、今後、大林さんのような死者を静かに増やしていくことが予想されます。

こうした人々を支えるのが、災害時などの公務のエッセンシャルワーカーですが、生活予算の縮減は、その待遇の低さも生み出しています。保育士や介護士などのケア労働者の不足が大きな問題となり、政府も、その賃金を上げると明言しています。それが広く報じられ、ケア労働者の賃金が上がったと思い込んでいる人は少なくありません。でも、実態は上がったとは言えません。

一つには、保育士などの配置基準の問題があります。保育士1人で何人の子どもを見るか、という配置基準が決められ、その配置基準に合わせて1人9000円の賃上げをする、と岸田政権は表明したのです。ところが、保育の現場では、配置基準では十分な保育が難しいとして、良心的な保育所ほど多めに保育士を配置しています。その場合、実際の保育士数は基準を上回り、その人数で予算を割ると、額面よりずっと低い賃上げになってしまいます。ほかにも、事務職や、子どもの送迎バスの運転手など、保育に必要な人員はたくさんいますから、そうした人たちにも公平に賃上げをしようとすると、「9000円」は薄められてしまうのです。政府からの支給額に合わせようとすると、保育士は必要より少なめになります。その結果、子どもに十分に目が届かない事態が起きます。2022年9月、牧之原市の認定こども園・川崎幼稚園で送迎バスの車内に約5時間にわたって置き去りにされ、重度の熱中症で死亡送迎バスに置き去りにされて、当時3歳の女の子が熱中症で亡くなった事件は、その痛ましい実例です。

政府は、1年有期の自治体非正規公務員である「会計年度任用職員」を2020年度からスタートさせました。DVや児童虐待など、住民の生死を左右する相談業務に携わってきた人たちについて、「1年」を原則とする短期契約が法律で規定され、2020年3月のコロナ禍の感染急拡大下、働く親とその子どもを支える、として踏ん張った学童保育支援員の中に、翌4月、この「1年有期」の合法化によってクビを切られる事態も起きました。そんな中、広島県の自治体のDV支援員は、「1年有期」の合法化への不安と上がらない賃金の下で生活が立てられなくなり、ついに転職を決意しました。やがて、東京で職を探して広島県を出たこの支援員のもとに、被支援者だった女性から連絡が入りました。1年有期でころころ変わる仕組みによって、次に来た支援員は経験が浅く、不安だとするSOSでした。DVは一つ間違えば命にかかわり、かつて、その地域では実際にDV殺人が起きていました。彼女の相談支援でこうした事件は起きなくなっていましたが、辞めてしまった今の立場では何もしてあげられません。「このままでは暴力による死者が必ず増えると、毎日ハラハラしているがどうしようもない」と言うのです。このような重要な相談支援部門への予算も、軍拡予算に押されて削減されています。死に至るDV被害者が増えないかどうか、私たちは目を光らせる必要があります。これらの一連の事実は、コロナ禍の女性の実情を聞き歩いた『女性不況サバイバル』という新書が元になっていますので、関心がある方はご一読ください。

「ゾンビ型家制度」は、このようにして、「待遇を上げてほしい」「実態に合わせた支援ができるよう予算をつけてほしい」と声を上げると、「国が防衛で大変な時に、男女平等とか言ってわがままになった女性たちが、ケアをタダで引き受けずに権利ばかり主張し、そのために事態が悪化した」とする非難を生み出します。そうして、男と女、利用者とヘルパー、支援者と支援される側を対立させることで必要な公共サービスを求める声を封じてしまいます。

こうした、ソフトな「家制度」の害を浮かび上がらせ、広く共有するには、声を上げることが不可欠なのですが、一人では怖くて声を出せない状況をつくってしまうのも「ゾンビ家制度」です。それを乗り越えるための一つの方法として、まず、企業を超えた労働組合を広げることを提案したいと思います。企業横断型の労組なら、非正規労働者が短期契約を理由にクビになって別の会社に移った場合でも引き続き支援を得られ、そうした横のつながりを拠点に声を上げていくことができるわけです。企業別労組の良さもあるとは思いますが、企業別労組は会社をクビになれば労組のメンバーシップも失ってしまうので、労働権を主張し続けることが難しいのです。

また、住民やサービス利用者と働く人の分断を防ぐため、住民や利用者、ケアワーカーを含めた「地域巻き込み型労組」をつくって一緒に公共サービスの向上を求めていくこともできます。介護やDV支援などの公共性の高いサービスが、軍事費偏重に押されて買いたたかれないようにすることは、サービスの質を維持し、利用者である住民にとっても死活問題です。働く人とサービスを利用する人の分断を利用して戦争に使うお金を増やしていくようなことに歯止めをかけるには、こうした新しい仕組みが重要です。

さらに、「ゾンビ家制度」の被害にさらされやすい女性・子ども、そして男性たちも含めて情報交換のネットワークを身近にたくさんつくることです。そのためには、まず共感してくれる人たちを3人集めることです。それが、こうしたネットワークの核になります。

コロナ禍では大林さんのような悲劇と同時に、休業給付金などを求めて権利を獲得した女性たちの動きも相次いでいました。私は、先に述べた『女性不況サバイバル』の取材で、このような「道を開いた女性たち」にたくさん出会うことができました。悲劇か新しい道かの分岐点は、労働相談や生活相談などになんとかたどりつくことができ、その支えを得られたかどうかでした。

先に触れた「共同親権」も、ほとんど問題点が報じられないまま国会審議に入ってしまいましたが、ひとり親やＤＶ被害者のネットワークが広がり、これを通じて、「ゾンビ家制度」的な側面が明らかにされ始め、20万筆を超す署名が集まるに至り、問題点についての報道も増えてきました。今後はそれらをさらに、戦費の拡大や9条をはじめとする憲法の空洞化の弊害と結びつけ、より広い連携の輪をつくっていくことです。そうした地道な広がりが、小さいけれど強力な戦争を防ぐ盾になります。

繰り返します。戦争は、戦地で人を殺し、殺されるという人権侵害の極致です。ただ、それが始まる前から、「ゾンビ家制度」という死滅したはずの「家」の再生による装置が人権を侵害し、たくさんの人を静かに殺し、戦争への地ならしを行っていることを忘れてはなりません。そんな身近な貧困化・殺人装置の存在を直視し、そこからストップをかけることが、戦地での殺人にも歯止めをかけます。戦争による被害は、戦地に行った人だけのものではありませんし、戦争が始まってからのものでもないのです。今からでも間に合います。戦争が始まる前に人が殺される事態に、ストップをかけましょう。

脚注

＊1　内閣府ホームページ
＊2　https://dot.asahi.com/articles/-/115892?page=1
＊3　https://mainichi.jp/articles/20230629/k00/00m/030/015000c
＊4　周燕飛「新型コロナウイルスと雇用・暮らしに関するNHK・JILPT共同調査結果概要——女性の厳しい雇用状況に注目して——」
https://www.jil.go.jp/tokusyu/covid-19/collab/nhk-jilpt/docs/20201113-nhk-jilpt.pdf
＊5　https://www.teikokushoin.co.jp/statistics/history/detail/5/
＊6　深谷昌志『良妻賢母主義の教育』黎明書房、1966年
＊7　ベアテ・シロタ・ゴードン『1945年のクリスマス』朝日文庫、2016年
＊8　野村政實『雇用不安』岩波新書、2009年
＊9　「NEWS PORTARY：妻を殴るのは「日本の文化」か〝たかが夫婦げんか〟が国際問題へ 見直される密室での夫の暴力」『ニューライフ』1999年5月号
＊10　竹信三恵子『女性不況サバイバル』岩波新書、2023年
＊11　フォーラム労働・社会政策・ジェンダー主催　連続講演会「少子化とフェミニズムの〝微妙〟な関係」検証・異次元の少子化対策（1）、2023年11月7日開催の報告集から
＊12　髙橋史朗「実子誘拐・共同養育・共同親権問題に関する一考察——EU議会決議・国連への対応は

いかにあるべきか」『歴史認識研究』7号、歴史認識研究編、モラロジー研究所歴史研究室

＊13　ＮＨＫ事件記者取材ノート「ひとり、都会のバス停で〜彼女の死が問いかけるもの」https://www3.nhk.or.jp/news/special/jiken_kisha/kishanote/kishanote15/（２０２１年４月30日）

ゾンビ家制度の法制度的問題

弁護士　杉浦　ひとみ

はじめに

タイトルの「『ゾンビ家制度』の罠」という意味は、敗戦によって潰されたはずの家制度的なものが再び社会に復活しそうな現実のあること、なぜこれが復活させられようとしているのかの意味、そして完膚なきまでに潰されたはずなのに、また蘇るゾンビのような根深さの正体は何か、私たちはこれにどう立ち向かえばいいのかについて考えてみたいと思います。

1　法制度と市民の意識——社会の意識は知らないうちに作られていく

法律というのは国会でつくるものです。国会議員というのは私たちの代表者で、国会でいろんな検討をして必要な法律をつくってくれていると思われていますが、なかなか今、そういう十分な議論が尽くされていない、どうも民意が反映されていないと、感じることがよくあります。

法律をつくるときに、今こういう必要性があるからこういう法律をつくろうということがあるわけですけども、それが必要だということを社会で市民が納得している、確かに必要だという意識がないと、法律は成立しないのです。法律を作る立法事実（法が存在する合理性の根拠となる社会的事実）がないのに法律ができたと言われましたように、立法事実というのはは、その法律を支える国民の意識や必要性があって成り立つものです。これがまったくないところで法律をつくろうとすると、法律というものは成り立たない。ですから、これがあるかないかというところは、すごく重要なわけです。

たとえば、立法事実＝その法律の存在を支える社会的事実がないと考えられて、法律がなくなった例もあります。尊属殺人という親殺しは、昔は普通の殺人よりも刑が重くて、執行猶予（一定以上の重い刑罰は執行を猶予されません）がつきませんでした。でも、憲法のもとでは個人は平等であり、親を敬うという気持ちは道徳的にはともかく、法的には強制されないものです。家の中での序列の意識も薄くなり、親であってもそうでない人であっても人を殺したら同じ重さで処罰されるという考え方が定着し、対象によって処罰の重さが違うのは憲法14条の平等原則に違反するので違憲であるとされました。このように、社会の意識に合致しないことから、尊属殺人罪が刑法から削除されました。

市民の意思によって必要性が訴えられ、法律ができた例として、私たちがよく知っているのは、性犯罪についての法改正です。昔、「集団レイプする人は、まだ元気があるからいい」と言っていた国会議員がいた時代がありました。20年ほど前のことです。そんなことを口にしても議員が続けられるくらい、社会が性の問題に対して認識が軽く、その被害の深刻さに気づいていない時代だったと言えます。性被害の重篤さを発信したＭｅＴｏｏ運動がアメリカで始まったのは２０１７年頃だと言われていますが、日本においてもこの情報はネット上で伝わり、広がっていきました。また性被害者や支援者が花を手に持っていたことからフラワーデモとして盛んになって、性被害を訴える雰囲気が和らぐようで聞いた側も受け入れやすくなり、こうして性被害がどれほど人権を蹂躙し、人生に大きな被害をあたえるものであるかということを社会に浸透させていきました。２０２３年10月に、性犯罪の規定が、日本に刑法ができて１００年目にして初めて改正されました。そして、最近ジャニーズの性被害の問題がクローズアップされて、男性の性被害も実はすごくつらいもので苦しくて尊厳性を害するものだということが明らかにされるようになりました。ちょっと前までは、男性同士の性行為は大したことではないのではないか、遊びなのではないかというぐらいの認識があったのですが、ジャニーズの問題に先立って、男性が肛門や口の中に陰茎を入れられることについても、性犯罪だと認識され、法定されました。

つまり、社会の中でその行為が人を傷つけるもので犯罪にあたると考えるべきだという社会の意識があったから、そういう法律ができてきたわけです。このように社会の中の意識と必要性によって法律ができることもあります。

この点、市民が支持しがたい税法（税の新設や増税など）などについては、市民の意識はやむを得ないという思いでの受け入れはありますが、当初の消費税導入の頃のように、国民の抵抗で法律ができないということもありました。

また逆に、法律ができることによって社会の意識が変わるということもあります。「セクハラ」などはその例です。今は、社会の中でいろいろなハラスメントが言われ、東京都ではカスタマーハラスメント（カスハラ）を条例で定めようとしています。日本で最初に登場したハラスメントは、性的な言動により労働者に不利益を与えたり就業環境を害する「セクシャル・ハラスメント」でした。1989年に職場での性的嫌がらせを受けたことについて、これは違法だと争った裁判がありました。憲法に男女平等を謳う規定（14条、24条）が置かれていても、いたるところで男性中心の社会がつくられており、そこでは性的な女性への嫌がらせは横行していたのですが、これに反発する社会の中での動きが出てきたわけです。そして1999年4月、男女雇用均等法の中に「女性労働者に対するセクシュアルハラスメント（セクハラ）防止のための配慮義務」が置かれるようになりました。その後、四半世紀経ち、長く男社会の空気に染まってきたであろう年代の男性も、最近は、言いかけた言葉に「あっ、これはセクハラになっちゃうね」とブレーキをかけるのを目にします。この様子をみて「根底からは変わっていない！」と批判をするのではなく、世間で許されること許されないことの価値基準が浸透した大きな成果と見るべきでしょう。この価値基準というのは、他人の尊厳を尊重するためには性の違いによって相手を不快にさせる発言はしてはいけないということです。本音はともかくとして、今の社会では守らなければいけないルールだということを理解しているということです。そして、このような空気の中で育つ次の世代は、確実にハラスメントが人を傷つけるから行ってはいけないという空気の中で育つことになります。

様々なハラスメント（パワハラ、アカハラ、アルハラ、ブラハラ等々）が言われ、せめぎ合いながら社会に認知されていくのは、人権意識が高まり社会が成熟していく過程とみることができます。

このように、法制度と市民の意識というのは影響を与え合って、成立や改廃もあるし、意識の変化ももたらすという関係にあります。

2　戦争をする国に向けた社会の作り方

日本は、江戸時代３００年間は戦争をするということがありませんでしたし、士農工商と身分も分かれていたので、一般の市民を戦争に行って戦わせるということは容易ではなかったはずです。これが、太平洋戦争の頃には、自分も死ぬ覚悟で人を殺しに行くという、どう考えても得にはならないならないはずの戦争を、天皇のために戦うことを名誉なことと考え、兵士を供給することに抵抗のないシステムを構築したというのは不思議なことです。

1　家制度

戦争をする国を作る推進力になったのは家制度です。「家族制度」にはいろんな形態がありますが、ここでは「家制度」という固有名詞の制度です。

日本の家制度とは、家族と住む戸主が一家の責任を負い、家族を扶養する制度のことです。戸主が家族のことすべての決定権を持つ。財産も戸主が管理し非常に大きな権力を持つという、家庭のシステムをつくりました。なぜこのような家制度をつくったかというと、当時の明治国家は富国強兵で自らを強くしていかなければならず、そのために天皇を中心に据えた国づくりを考えました。ところが、当時は、天皇の存在を認識していない国民もいました。そこで、天皇が絶対的な存在であることを国民に認識させるために、天皇を頂点においた国家体制（天皇制）と似た「家制度」という家族制度を制定し、上のものに従うという体制を，個々の家族からつくっていったのです。

１８９８年に明治憲法下の民法において定められました。この制度が非常に定着して、家庭の中では戸主の言うことを聞かなければならなくなりました。家制度によって天皇崇拝が日本の中でうまく機能していきました。この体制が徹底したことで、日本の戦争においては、兵士の供給システムは安定しました。今年4月からの朝の連続テレビ小説「虎に翼」は、日本初の女性裁判官をモデルにしていることから巷で話題になっていますが、この主人公の女性の夫も、「おめでとうございます」と赤紙が家に届けられ、家人は「ありがとうございます」とそれを押しいただき、「万歳」と見送られて出征していきました。出征を逃げられず、戦死をしたことに誰にも恨み言を言えない制度になっていました。私が裁判で関わった方から、そのお父さんが戦死したあと「靖国の家」というプレートが家の門に掲げられ、うちは「靖国の家族」と近隣からは尊ばれたと聞いたこともありました。戦死することが名誉なことだったのです。

そして日清戦争、日露戦争から第二次世界大戦へと戦争が続きました。敗戦後にGHQは、この家制度を解体しなければ日本という国の体質は変わらないということで、家制度の解体を進めました。１９４７年5月に施行された日本国憲法第24条で、婚姻は両性の合意のみによって成立し夫婦が同等の権利を有することとなり、同年10月の民法改正で家族制度は解体されました。

ところが、家制度の解体を喜ばない層がいました。国会議員や戦前の特権階級、地域の有力者や富裕層は財産のある人が多く、自分たちの資産を継承していくために、あるいは思想信条のために家制度を保持したかったのです。しかし、戦後処理の課題とされていたのでどうにもならないということで、法律は変わりました。そうした反対層をなんとか説得しようと、改正案作成に当たったある民法学者は「制度としての家はなくなるが、家族の共同生活は存続し、家族は同じ氏を名乗る」と説明しています。氏が家と同じ役割をするから大丈夫だ、ということです。当時、ある憲法学者はこのことを見抜いて、「家破れて氏あり」と批判しました。

２　隣組制度

戦争を支えた制度としては、隣組制度もありました。第二次大戦下、国民統制のためにつくられた地域組織で町内会・部落会の下に属し、近隣数軒が一単位となって、互助・自警・配給などのほか、組員同士の監視、思想の統制にも役立っていたようです。。１９４７年に廃止されました。

３　教育制度

教育勅語は、明治憲法発布の翌年（１８９０年）に、道徳の根本、教育の基本理念を教え諭すという建前で出された勅語（天皇が直接国民に発する言葉）で、戦前、学校教育などを通じ、国民に植えつけられました。勅語は、「朕《ちん》惟《おも》フ《う》ニ《に》我《わ》カ《が》皇《こう》祖《そ》皇宗《こうそう》」という言葉から始まり、子どもたちは、この教育と、家制度の家庭の中で、軍国少年・軍国少女になっていき、兵士になって戦争で戦いたいと洗脳されていきました。

東京大空襲被害補償や安保法制違憲訴訟の裁判で、私は戦争時代に育った当事者の方たちのお話をたくさんうかがいました。多くの子どもたちが、特に優秀な人たちが進んで軍国少年・軍国少女になっていきました。「敗戦で憲法が変わったときに、一体自分の人生は何だったのか」と、１８０度の転換をさせた大人社会に激しい憤りに苛まれ人生を送ってきたと語られます。

３　戦後の日本とゾンビ家制度

敗戦により、日本は大きく変わりました。この変化は、戦争に苦しんだ庶民には歓迎して迎えられ、戦時中に特権階級であったり権力を持っていた層は、この変化を歓迎しなかったことがわかってきました。

１　家制度は解体されました

家制度の特徴は、家族全員が同じ苗字を持つこと。婚姻によって妻は夫の家に入ると定められており、婚姻をした場合は女性が男性の苗字に変更しました。

家制度では、戸主が戸主権を行使して家族を支配していました。戸主権とは、家族の結婚や養子縁組に対する同意権や、家族の住所を指定する権利のことです。戸主の同意を得ずに結婚したり、住所の指定に従わなかったりした場合、戸主はその夫婦を家族から外すこともできました。

しかし、新しい憲法ができ、日本の家制度は、１９４７年の民法改正で廃止されました。日本国憲法第24条では「婚姻は両性の合意のみに基いて成立し、夫婦が同等の権利を有することを基本として、相互の協力により、維持されなければならない。配偶者の選択、財産権、相続、住居の選定、離婚並びに婚姻及び家族に関するその他の事項に関しては、法律は個人の尊厳と両性の本質的平等に立脚して制定されなければならない。」と定めます。

家制度では、戸主が権利を濫用して女性や子どもの権利を奪う危険性があり、日本国憲法で定められた「夫婦の権利と家族制度の平等」の実現ができない。それゆえ家制度を廃止することなったのです。

2　選択的夫婦別姓が法制化できない国

ところが、この国は夫婦同姓を法律で強制する唯一の国となっていて、選択的な夫婦別姓も選べていません。先にも触れましたが、家族の「姓」は家制度をつなぎとめる役割を果たしていて、女性の社会的地位を変えさせたくない社会の層が存在するのです。近時提起されている選択的夫婦別姓を求める裁判では、夫婦同姓の法律は合憲とされてはいますが、反対意見も出てきています。

3　国際的な動向、世界の潮流、性的マイノリティーの人権

1　国連による人権推進

社会の意識や法制度は、国内の要請や需要だけでつくられているわけではなく、戦後、国際連合ができ、様々な分野において行動計画を立て、宣言や勧告をだし世界各国の国民の権利の推進を図っています。

たとえば、１９７５年6月から7月にメキシコシティで国連が開催した国際婦人年世界会議

では、国際婦人年の目標達成のためにその後10年にわたり国内、国際両面における行動への指針を与える「世界行動計画」が採択され、1976年から85年までを「国連婦人の10年」とすることを宣言しました。そして、この目的を達成するための、国内的・国際的な行動について勧告を与えてきました。この勧告は、各国の政府を主たる対象とするものですが、民間の諸団体や個人もその実現に協力するように要請されており、日本国内でも公私が一緒になり活動をしています。1983年から92年は「国連障害者の10年」とされ、国内にも影響を与えてきました（「障害者対策に関する長期計画」「障害基礎年金の創設」「精神保健制度の改正」など）。1995年から2004年までの10年間は「人権教育のための国連10年」とされ、2002年12月からは「国連持続可能な開発のための教育の10年」として、各国に推進を求めてきました。性的マイノリティーについては、2011年6月、国連の人権理事会は性的指向と性同一性に関するものとして初の国連決議を採択しました。

LGBTの人々の人権を擁護する各国の法的義務は、性別や性的指向、性同一性にかかわらず、すべての人々は、生存権、身体の安全とプライバシー、拷問や恣意的な逮捕、拘束を受けない権利、表現、結社および平和的集会の自由権に関するものを含め、国際人権法が定める保護を受ける資格があることを明確にしています。

2　性的マイノリティーの人権擁護

このような世界的な動きの中で、日本も性的マイノリティーの問題に取り組まなければならない機運が現れました。

国連人権理事会から、国連加盟国193か国すべての国の人権状況が審査されており、各国は性的マイノリティーに関する差別の禁止を求める国連からの勧告をうけています。日本は、このうち同性婚については、日本の家族のあり方に関連する重要な課題であるため、同性婚の導入は慎重な検討を要すると回答し、SOGIESC（性的指向、性自認、性表現、性的特徴）にもとづく差別の禁止を求める勧告に対しては「LGBT理解増進法」の成立に向けたプロセスにあると回答し、その後、2023年のLGBT理解増進法が成立しました。

3　2021年の東京五輪・パラリンピック開催、G7サミットによる圧力

性的少数者（LGBTQ）の人権保障法制に関しては、自民党は、とりわけ先進7か国首脳会議（G7広島サミット）を控え、議長国として多様性を尊重する社会の実現に前向きな姿勢を示そうとし、日本がG7で唯一、同性婚を法的に認めず、差別禁止法も制定していないことを踏まえて「国際社会の取り組みなどを考えると、G7サミット前に与野党で合意し、（理解増進）

	国名	法律施行日
1	オランダ	2001年4月1日
2	ベルギー	2003年6月1日
3	スペイン	2005年7月3日
4	カナダ	2005年7月20日
5	南アフリカ	2006年11月30日
6	ノルウェー	2009年1月1日
7	スウェーデン	2009年5月1日
8	ポルトガル	2010年6月5日
9	アイスランド	2010年6月27日
10	アルゼンチン	2010年7月22日
11	デンマーク	2012年6月15日
12	ブラジル	2013年5月16日
13	フランス	2013年5月18日
14	ウルグアイ	2013年8月5日
15	ニュージーランド	2013年8月19日
16	英国	2014年3月29日※
17	ルクセンブルク	2015年1月1日
18	メキシコ	2015年6月22日
19	米国	2015年6月26日
20	アイルランド	2015年11月16日
21	コロンビア	2016年4月28日
22	フィンランド	2017年3月1日
23	マルタ	2017年9月1日
24	ドイツ	2017年10月1日
25	オーストラリア	2017年12月9日
26	オーストリア	2019年1月1日
27	台湾	2019年5月24日
28	エクアドル	2019年6月12日
29	コスタリカ	2020年5月26日
30	チリ	2022年3月10日
31	スイス	2022年7月1日
32	スロヴェニア	2022年7月8日
33	キューバ	2022年9月27日
34	アンドラ	2023年2月17日
35	ネパール	2023年6月28日
36	エストニア	2024年1月1日
37	ギリシャ	2024年2月16日
	リヒテンシュタイン	2025年1月1日
	タイ	2024年6月18日（国王の承認待ち）

※英国は2014年3月にイングランドとウェールズにおいて、2014年12月にスコットランドにおいて、2020年1月に北アイルランドにおいてそれぞれ同性婚が認められました。

表　同性婚が認められる国・地域

現在、同性婚および登録パートナーシップなど同性カップルの権利を保障する制度を持つ国・地域は世界中の約22%に及んでいる。（2023年2月時点）

出典　ＮＰＯ法人ＥＭＡ日本のＨＰ（http://emajapan.org/promssm/world）

法案を成立させることが望ましい」と指針を示したのですが、自民党を含む超党派で合意した法案は、保護すべき対象を実質的に狭め、理念を後退させる内容となったというのが結末でした。

4　性の問題への取り組み

1　同性婚について

同性婚は、現在世界で39か国において認められようとしています（上表）。

日本では国民の半数以上が同性婚に賛成していると見られるものの、同性婚が認められる見通しは立っていません。日本で同性婚が認められない大きな理由は、与党である自民党が同性婚に一貫して反対していることにあります。そのほか、日本で同性婚が認められない理由として考えられるのは次のようなことです。

①民法において「夫婦」というワードが使われている。

②結婚について定めている法律である民法では、婚姻の要件として性別については掲げていません。しかし、条文中に「夫婦」という言葉が多く使われているなど、結婚は男女間であることが前提とされている表現があります。これにより、民法は同性婚を認めていないという解釈がされています。

同性婚の整備に前向きな立憲民主党と社民党は、２０２３年3月に民法の改正案を衆議院に提出しました。主な改正箇所は、第７３９条1項です。

現行　婚姻は、戸籍法の定めるところにより届け出ることによって、その効力を生ずる。

改正案　婚姻は、異性又は同性の当事者が、戸籍法の定めるところにより届け出ることによって、その効力を生ずる。

また、改正案ではこれに連動して、各所に用いられている「夫婦」が「婚姻の当事者」というワードに置き換えられます。法案の審議状況は２０２３年7月現在閉会中審査となっていますが、与党が同性婚に反対している現状でこの法案が成立する見込みは、残念ながらないと言えます。学者は、憲法改正は不要という解釈が一般的です。

日本国憲法では、婚姻について「両性の合意のみに基づいて成立」と規定しています。この規定が設けられた背景には、憲法が制定された約70年前には当事者の合意でなく、戸主の合意のみで婚姻することができた現状があります。つまり、この規定の主眼は「合意」にあるという点です。当時は同性婚という発想はほとんどなかったため「両性」というワードが使われました。そのため日本国憲法は同性婚を制限しておらず、憲法の改正をせずとも同性婚の成立は可能という考えが一般的であると言われています。ですから、法律の改正さえできれば認められるのです。

この問題を司法の場で争おうと、２０１９年2月14日、日本でも法律上の性別が同じ人どうしが結婚できるようになるために、札幌、東京、名古屋、大阪の各地方裁判所で、一斉に提訴しました。同年9月5日には、福岡地方裁判所にも提訴し、２０２１年3月26日には、東京地方裁判所（第2次東京訴訟）に提訴をしています。

このうち、同性婚禁止を合憲とするのは大阪地裁のみ。札幌と名古屋が「違憲」、東京と福岡は「違憲状態」と判断されました。

社会の意識が、法律の改正を促すという段階に来ていると思われます。

2 LGBTQ

ちなみに、性的マイノリティ、LGBTQと言われると、いろんな種類があるようにみえますが、2つの点だけを考慮していただければいいです。

1つは「性自認」の問題。自分が男性か女性というアイデンティティの問題です。もう1つは「性的志向」の問題。男性が好きか、女性が好きか、いずれにこだわらないなど。「生物学的な性」とは異なる「社会的な性」との違いは、性自認と性的志向だけの問題なのです。

生まれた時に割り当てられた性別とは異なる性自認を持つ人を、トランスジェンダーと言います。そして、性的志向として、女性が女性を好きになるのがレズビアン、男性が男性を好きになるのはゲイ、どちらも好きなのはバイセクシャル、性的志向が曖昧ならばクイアというようになります（左図）。

こういった形で性の曖昧さをなかなか認めない日本の国柄があるのですが、しかしながら、

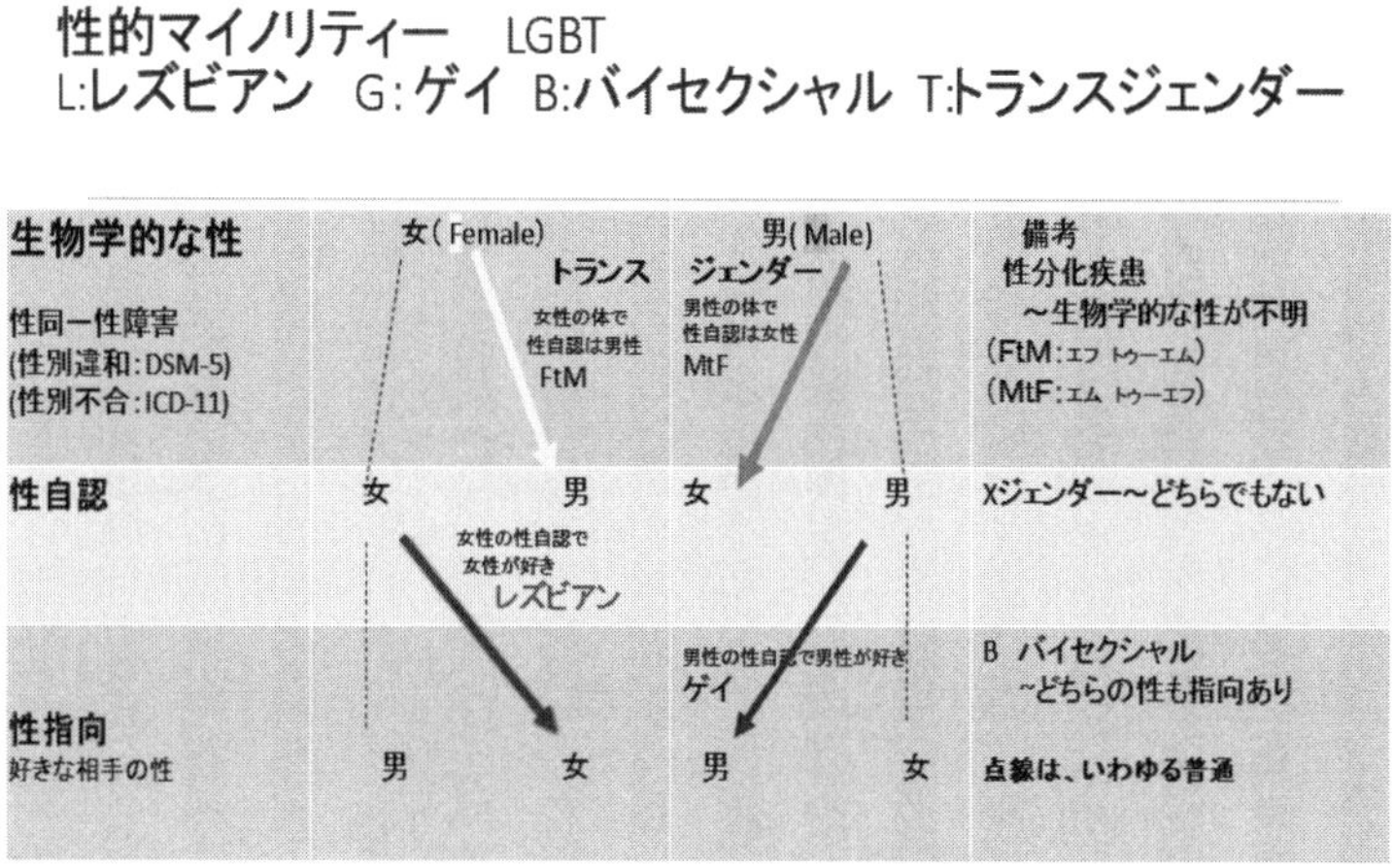

性的マイノリティーの図（筆者作成）

社会の意識が動いているのは、先の同性婚裁判の現状にも見られます。

　また、トランスジェンダーへの差別問題については、２０２３年７月11日に、経産省の女子トイレをトランスジェンダーの人が使って良いか悪いかについて、最高裁でこのトイレ使用制限は違法だといった判断が出ました。これによりトランスジェンダーへの理解が進む動きが出ています。ただ、この流れに反対する人たちの中には、トイレだけでなく公衆浴場にも自由に行けるのだという偏った正しくない認識によって批判する人がいます。公衆浴場について一つだけ言っておきますと、私は日弁連からトランスジェンダーの浴場の利用に関して公衆浴場組合に調査に行ったことがありましたが、この時に、次のように教えてもらいました。このような話題で社会的関心が高まるもっと昔、江戸時代から、トランスジェンダーと言われる方たちは存在していたけれど、浴場ではイチモツあるかないかそれだけで、分けて入ってもらってる。辛い思いをしている方もいるけれども、それで判別するしかないということで、公衆浴場で男性が女性だと言い張ったら女風呂に入れるということはないとのことです。こうしたことは知識としてお伝えしておきたいと思います。

5 日本の国の不思議――見えない柵

1 「個人の尊重」「男女の平等」を妨げる勢力

以上見てきたように、第二次大戦後完膚なきまでに、戦前の体制が解体され、明治憲法とは異なる日本国憲法が制定されました。また国際連合を始めとする世界の動向は、各国に、とりわけ先進諸国には、人権尊重のための様々な働きかけをしてきています。にもかかわらず、この国の社会の中に「個人の尊重」「男女の平等」を妨げる力の存在を感じずにはいられません。

2022年7月の安倍元首相の死亡により、統一協会が世界平和統一家庭連合に名前を変えて現存し、この統一協会と安倍氏との関係は、祖父の岸信介の頃から深い関わりが脈々と続き、安倍氏が亡くなる時にも存在していたことが、はからずも明らかになりました。政治と宗教が癒着していたとも考えられる状況です。日本国憲法の下では、宗教は価値を相対的に考えるものではなく、絶対的な価値の信仰を本質としますから、個人の尊厳を中核とし、その実現のための民主主義とは相容れません。

また、１９９７年5月に設立された日本会議という団体がありますが、この団体が目指すものは次のような内容です。

皇室を敬愛する国民の心は、……この皇室と国民の強い絆は、……また豊かな日本文化を生み出してきた。

私たち日本人は、皇室を中心に同じ民族としての一体感をいだき国づくりにいそしんできた。

現行憲法が施行されてすでに60数年――。わが国の憲法は、占領軍スタッフが1週間で作成して押し付けた特殊な経緯をもつとともに、数々の弊害ももたらしてきました。すなわち、自国の防衛を他国に委ねる独立心の喪失、権利と義務のアンバランス、家族制度の軽視や行きすぎた国家と宗教との分離解釈、などなど。しかも今日、国際協力や環境問題、新しい人権など60数年前には想定できなかった諸課題にも直面している。

この団体の目指すところは、現憲法に反した価値観だといわざるをえません。

2年ほど前の建国記念の日に、地方に講演へ行きました。もちろん、そこは今の憲法の価値を確認し共有する会でした。同日、会の終了後同じ市内で偶然、日本会議主催の「建国記念の日の式典」があり、立ち寄ってみたのですが、配布されたパンフレットや講演の内容が、「天照大神」から始まっていたことには驚きました。

この会に所属する国会議員は少なからずおり、彼らに共通する思いは、「第二次世界大戦での敗戦を受け入れ難い、だからその前の日本に戻したいということ」と、複数の憲法学者から指摘されています。

したがって、戦争のできる国、軍備を備えた国、兵士を供給できるシステム、統制の取れる社会それを基礎づける家庭、といった戦前の考え方が見え隠れしてはずっと存在しているのです。「LGBTは生産性がない（子どもをつくれない）」と発言した杉田水脈衆議院議員も、この会員です。

2　2012年自民党憲法改正草案

これは、自民党が政権を取ることができずに下野していた際に作成したもので、自民党としてその本質に従い練られたものと考えていいでしょう。

・天皇を元首にする　天皇に権限を付与しないために象徴としていたが、元首（対外的に国家を代表する国家機関）とすることにより、天皇に権限が与えられる。

・国防軍を（国防軍）我が国の平和と独立並びに国及び国民の安全を確保するため、内閣総理大臣を最高指揮官とする国防軍を保持する。

・家族は、社会の自然かつ基礎的な単位として、尊重される。家族は、互いに助け合わなければならない。

・全て国民は、この憲法を尊重しなければならない。

といった条文案が並びます。天皇に権限をもたせること、国に（はばかることなく）軍隊をつくること、夫婦の間の平等と尊重、夫婦の独立を定める現在の憲法24条を廃して、家制度を復活させる方向性を感じます。そして、国民が権力を託した国の機関を縛るための憲法に、国民が従うことが盛り込まれています。

戦後80年はまさに誤ったレジームだった、と考える層が存在するということを示しています。

6　私たちはどう進むべきか

1　平和に親和性がある女性の意識

今回の原稿は、共同テーブルという団体の「新しい戦前にさせない」というテーマで連続シンポジウムを行っている中の一つ「軍拡と『ゾンビ家制度』の罠」というタイトルで、武器取引反対ネットワーク（ＮＡＪＡＴ）の杉原浩司さんが、女性の意識として殺傷能力のある武器の輸出に反対意見が多いというお話がありました。これは女性が持っている性に関わる意識――多くの人間の個体は女性が男性よりも体力的に劣っていることが多く、そのために、力で争うことを本能的に好まないのかもしれません。あるいは、子どもを出産するという体の仕組みを持つことが、命というものに触れる体験や想像をすることから、命に敏感だということかもしれません。

近時、生物には備わる生存のための本能の中で、子どもの生存に重要な母性行動には、視床下部から分泌されるオキシトシンが深く関わっていると言われています。こういった科学物質の性質によって説明のつくことなのかもしれません。

ただ、平和に親和性のある傾向の人間がいるのであれば、そういう特性の方を外交問題の解決に当てていくべきではないでしょうか。日本のジェンダー・ギャップ指数（２０２４年）は１５６か国中１１８位、政治においては１１３位と、依然低迷しています。政治を男性が牛耳っていることが、今の日本の軍事化に影響を与えているとしたら、これは配置を変えてみるべきです。

今ある法律で納得いかない法律がある場合に、その法律を変えるための働きかけがすごく重要で、国会議員だけに任せるのではなく、社会の中の動きで後押しをします。ＭｅＴｏｏやフラワーデモの運動が法律を変えていったことは非常に大きな成果だと思います。法が変われば意識も変わりますから、社会の意識というのをどこに持っていくか、法制度をつくるというところに焦点を当てて動かしていくのが非常に有効なのではないかと思っています。

２　制度の導入に疑いを持つこと――共同親権の問題について

三権分立は、権力を委ねた機関が暴走することのないように、それぞれの機関に分けて任せることにしました。権力に対しては常に猜疑心を持つべきです。ここで共同親権の導入についての問題点を取り上げます。

(1)家族関係に関わるものとして、２０２４年5月に離婚後も共同親権を認める民法の改正が行われ、２０２６年に施行されることになりました。

生活の基礎である「家族」に関わる国の政策でありながら、短期間で拙速につくられたものであることから、注意深く検討します。

この親権の中身としては、子どもの面倒を見るといった「監護」という内容のほか、子どもをどこに住ませるか、どんな教育を受けさせるか、どんな医療を受けさせるか、あるいは子の財産をどう管理するかなど、子どものために重要なことを決定するという権限も含まれています。後者を狭義の親権と呼び、今回の法改正で変更になったのは、この狭義の親権を夫婦が別れても親として共同に行うということになったのです。

(2)改正前までの親権（2年後の施行まではこのままです）

これまで、親権は婚姻中は父母の両方が親権者となり（共同親権　民法８１８条）。離婚をする場合、父母の一方を親権者と定めることになっていました（単独親権　同８１９条）。

なお、未婚で子どもを生む場合は、非嫡出子（婚姻関係にない男女の間で産まれた子）で、母が親権者になります。父がその子を認知した場合は，父母の協議で父を親権者と決めると父が親権者となります。現状、母親が親権者となる割合が9割ぐらいで、親権者と監護権者を分けることもできなくはないですが多くはないので、多くは母親が子どもに関して意思決定をして面倒も見ています。

今回改正された「共同親権」とは、離婚をしても父母（親が離婚しても子どもとの関係では「父」「母」のままです）が共同で親権を持つ、つまり婚姻中と同じにするという制度で、双方合意の上で共同に親権を持つことは問題ないのですが、一方が共同親権を拒否しても裁判所が双方を親権者と定めることができる、つまり一方が嫌だと思っていても、その一方に子どもについての意思決定について拒否権が与えられる制度ということになります。

この法改正が、十分な審議を経ずに、拙速な形で成立したのです。

(3)共同親権のメリットはどんなことがあるのでしょうか

①離婚時の親権争いの激化を防げる
②離婚後も両親で協力して子育てできる
③面会交流・養育費の支払いがスムーズに行われやすい

と言われています。でも、離婚問題に関わることの多い弁護士の立場からは、今回の法改正でそれらが実現されるとは思えません。むしろ弊害の生ずる可能性を危惧します。

弁護士が関わるような離婚のケースは、父母の一方から他方に対するハラスメント、いわゆるDV（身体的なDV、精神的なDV、性的DV、経済的DV等）が行なわれている場合も多く、これは子にとっても虐待に当たる場合が多いのです。なぜなら、暴力的な親は、配偶者だけではなく子にも暴力的であることも多いです。子に暴力を加えなくても一方が配偶者に暴力的、侮蔑的であれば、子どもは穏やかに生育できません。このような家庭の中では、DV加害者に対して被害者は支配されている状態にあると言えます。この支配関係は長く続くと、被害者の気力まで削ぐような大きな影響を与えます。

このような場合には、共同親権を認めると大きな混乱が予想されます。

共同親権の場合、子の重要な決定をする際に、共同で決める必要があります。進学などはその例です。この場合に、支配関係が及び意図的に決定を妨害する可能性もあります。その妨害が恐ろしく両親の署名ができずに進学が滞るといったことも考えられます。逆に、穏便に済まそうと迎合し、交換条件に応ずる等、子どもが辛い立場に立たされることもあります。そうなれば子どもは人生への不安さえも感じることになります。また、離婚後も元配偶者と関わり続けることになる精神的な不安や苦痛は想像を絶するものであり、そのもとで暮らす子もまた、安定した精神状態、生活状態で暮らすことができません。さらには、ＤＶの被害者は多くの場合母親であることが多く、経済的に弱者である場合が多いことから、一層の不利益な忍従が想像できます。

⑷ところで、父母が別れても協力して子育てができる関係にある場合には、共同親権でなくても父母が話し合って子どものことを決めていくことができます。親権の有無にかかわらず面会をし、養育費についても、子どものことを考え親権の有無にかかわらず支払いはなされます。こういった親子関係も多いと思います。

つまり、親の離婚後に親と子どもが円満に関わることは、親権のあるなしではないことがわかります。したがって、②③のメリットは親権に関係なく実施できることになります。

家族の中において、個人が独立の存在であることが理解され、個人として尊重される関係が守られていれば、父母が離婚しなければならない事態になっても、それぞれの関係は最低限維持することができるのだと考えられます。

⑸しかし現実には、ＤＶのある夫婦の場合、両当事者の独立や双方の尊厳が確保されていないケースがあります。なぜなら、夫婦間にＤＶがある場合、物理的、精神的に一方が他方を支

配する関係性にあることが多いからです。

たとえば、夫婦間で話をするときに、一方が他方に常に暴力的に振る舞うとしたら、相手は安心して話し合うことはできません。こんなことを言ったらまた殴られるのではないか、と考えながら生活する関係は、言いたいことも言えない関係になります。相手の機嫌を損ねないように常に気を使い、また自分だけでなく子どもが相手の気に入らないことをしないようにと、子どもの言動まで抑制するようになります。暴力に限らず、経済的なＤＶもあります。使途を示し、レシートと引き換えでないと生活費を渡してもらえない、あるいはレシートを見て「これは不要だ。返してこい」と言われるようなケースもあります。生活が全て監視されているのであり、自由な生活はできないし、家計費をもらえなかったら生活できないといった不安がつきまといます。また、暴力は振るわないが「お前は考え方がおかしい、常識がない」「お前は無能だ、他の人から笑われている」などの人格非難の言葉を日々浴びせかけられる、いわゆるモラルハラスメントという形の精神的暴力もあります。仕事を持つ配偶者にも夜を徹してこういった説教を繰り返し、仕事にも支障を生ずるような事態に陥らされることもあるのです。恐ろしいことに、これを家庭という閉鎖空間で日々繰り返されると、知らず知らずのうちに「自分はだめな人間かもしれない」「常識のない人間なのだ」と、自信を失い、自己肯定感をどんどん失ってしまいます。

このように、DVという関係性は、一方が他方を支配する関係性をつくってしまうのです。しかしながら、憲法24条が「婚姻は、両性の合意のみに基いて成立し、夫婦が同等の権利を有することを基本として、相互の協力により、維持されなければならない。②配偶者の選択、財産権、相続、住居の選定、離婚並びに婚姻及び家族に関するその他の事項に関しては、法律は、個人の尊厳と両性の本質的平等に立脚して、制定されなければならない。」と定め、夫婦が同等の権利を有すること、それぞれ個人が尊厳を持つこと、本質的に平等であることを前提にしています。DVによって、この前提が崩れた夫婦関係においては、共同親権は、この病理を引きずる関係を認めてしまいます。つまり、支配されてきた親子は加害親から逃れたいのに、ともに親権を行使しなければならない共同親権という紐帯によって支配関係を断ち切れず、引きずり続けたままになるのです。そのため、離婚してもこの関係性が断ち切れないなら、離婚時の親権争い以前に、離婚を諦めることにも繋がってしまいます。そうなれば、DV家庭からの脱出による人権の回復はできません。

もちろん、円満に離婚する夫婦もあるでしょうし、離婚後も子どものことを双方で一緒に考えながら生活できるケースも多いと思います。でも、病理的な関係性に陥った元夫婦がある以上、そのことの救済は図られなければなりません。

改正法は、この点の救済を家庭裁判所に委ねています。共同親権にするか単独親権にするか協議がまとまらない場合、家庭裁判所がこれを判断するということになっているのです。つまり、一方が共同親権にしてほしいと主張し、他方が単独親権にしてこの支配関係と決別したいと考えているときに、どちらにするかは、家庭裁判所が決めるのです。この判断を適切に行うためには、家庭裁判所は元夫婦の関係をよく知る必要があります。それぞれが別の主張をする当事者の間において、両者の関係が実はどうであったかを知らなければ、適切には判断できないのです。

しかし2024年5月3日の憲法記念日記者会見において、戸倉三郎最高裁判所長官は、「共同親権にするかの判断において、表面的に出ているところだけではなくて背後にあるところまできちんと見据えた判断ができるかというのは、家裁にとってかなり大きく難しい課題であろう」と述べています。つまり、紛争のある事件で、裁判所が具体的な事実を把握し、必要な配慮をして判断するだけの能力に自信を持てないというのです。

このような機関に夫婦の支配被支配関係を断ち切るか否かといった重大な判断を委ねることは無理なことです。このような法律は2年後の施行前に葬られるべきです。

3　DVの意識メカニズムは、ゾンビ型家制度のはびこる土壌の改良

本書の中で、竹信三恵子さんが経済的観点から書かれており、そこでは「『ゾンビ型家制度』

は、このようにして、『待遇を上げてほしい』『実態に合わせた支援ができるよう予算をつけてほしい』と声を上げると、『国が防衛で大変な時に、男女平等とか言ってわがままになった女性たちが、ケアをタダで引き受けずに権利ばかり主張し、そのために事態が悪化した』とする非難を生み出します」（54頁）と書かれていますが、この「男女平等を言う女性のわがまま」という発想がDV家庭、DV国家を作り、その刷り込みがジェンダー指数の低さに現れているのだと感じます。社会全体に、この意識の払拭を図る必要があります。先日、夫のDVで妻子でシェルターに逃げている子どもの話を聴きました。「それまで普通だと思っていたけど、児童相談所に『殴られることは虐待です』と書かれているのを見て、虐待されていたんだと思った」と。閉ざされた空間の中では知る機会がないのです。学校教育からこのゾンビ家制度を払拭する意識を伝えることが必要です。子どもは家庭にそれを持ち帰りますから、外から入りにくい情報を家庭にも入れることができます。

4　社会の動きや現状に注意を払うこと

(1)市民に考える力を与える社会の確保

財政の配分や経済的なことにかかわる法制度が変わることによっても国民の意識がどんどん変わってきます。女性や若者が非正規で働かされて貧困化していく。それが社会の中でそういう立場に置かれていると思うと、どんどん自分の自己価値が低下していってしまいます。

非正規労働でコンビニのアルバイトをしていたある女性は、こんな話をされました。コンビニで、客から宅急便の荷物を受け取って、重さ長さを測ってると「早くやれよ、ババア」と言われたそうです。それも1回や2回ではなく、頻繁に言われる。繰り返されることで、知らないうちに自分を卑下するようになる。そうすると心身ともに疲れてくるし、自分を卑下する。そういうように貶められるし、自分の価値はどんどんなくなってしまう。それが頭でそう思っているだけでなく、体の中に染み込んでいくように卑屈な思いになる。そうすると、政治や外交のことや、軍事のことも考えなければいけないと思っても、そんなことを考えてる場合ではない。だんだん人間性が歪められていってしまうという恐ろしいことがあります。非正規で働かざるをえない経済的なシステムの中で、このように人が貶められていってしまうのです。

経済政策が、同じ市民でありながら主権を主張する個人としての誇りさえ失いかねない脆弱な立場に人を置く、ということは見えにくいことですが留意しなければなりません。


⑵あらたな兵士供給システムとしての自衛隊のリクルート

人権意識を持った市民が兵士になることを拒否することは自然なことです。ロシア侵攻に対してウクライナで兵士を賄うために、18歳から60歳の男性の出国を制限したということからも分かります。アメリカの経済的徴兵が知られているところですが、日本では防衛省が様々な方法でこのリクルートを行っています。

①防衛省が高校生の名簿を自治体に出させていること

自衛隊法は、自治体が自衛官募集に関する「事務の一部を行う」と定めており、同法施行令は防衛相が自治体に「必要な資料の提出を求めることができる」としています。

これに対しては、2024年3月「自衛隊に名簿を提供するのは憲法などに違反」と奈良市の高校生（18）が、同市と国を相手取り国家賠償請求訴訟を提起しており、同年7月1日に第一回目の裁判が開かれました。その帰趨には注目したいです。

②子ども食堂で自衛隊が募集広報

自衛隊が2023年秋、札幌市内の子ども食堂約80か所に、中学生以上の就職勧誘を打診し、実際に約10か所を訪れ採用案内を配布したという事件も起こっています。子ども食堂に、絵文字を使ったメール「×××（子ども食堂の名前）さまへ　はじめまして、こんにちは。自衛隊札幌地方協力本部、広報官の[redacted]（氏名）と申します。日頃から子ども食堂の活動お疲れさまですm(_ _)m　今回メールさせて頂いたのは、……」といったものが届いたといいます。

根拠法は「地方における渉外及び広報、自衛官及び自衛官候補生の募集」などを行なうと定めている自衛隊法29条とのことですが、子ども食堂は、経済的に苦しい家庭や、親が子の食事を作ることが難しい家庭など、ある種の脆弱性を持つ家庭を狙ったものとも言え、アメリカで実施されているいわゆる経済的徴兵と類似した構造を感じます。貧困（にする）政策と軍事化が同時に行われる危険性を感じ、恐ろしいです。

③学童保育施設で「自衛隊体験」と称したプログラムが行われたこと

2024年5月に、小学校に隣接する神奈川県鎌倉市の学童保育施設で「自衛隊体験」と称したプログラムが行われ、そこでは、敬礼など自衛隊式のあいさつを体験し、中には保護者の了承がないまま参加した子もいたということです。

施設に通わせる保護者は「申し込みはしていない。年端もいかない子が、敬礼など軍事教練のようなことをさせられたことを後で知ってびっくりした。自衛隊はいざとなれば、武器を持って戦う組織。学童の事業として適切なのか」と疑問を投げているということですが、こういった反応はきちんと繰り返す必要があります。

自衛隊の隊員不足という現状に対して、お金をかけて様々な対策を講じてくる防衛省はこの動きを放置し、それが普通だという素地をつくらないようにすることが重要です。

(3)スポーツウォッシュ

奇しくも、今、２０２４年7月26日にパリオリンピックが開幕しました。ロシア・ウクライナの戦争、イスラエルによるパレスチナ攻撃が続き、日々多くの人が亡くなっている世界の中でも、オリンピックは開催されれば多くの人が関心を持ち感動も呼びます。「為政者に都合の悪い政治や社会の歪みをスポーツを利用して覆い隠す行為」をスポーツウォッシングと呼ぶのだそうですが、コロナ禍の下の２０２０東京オリンピックの頃から日本でも注目され始めました。

私たちは、このように主権者として自分の意思で情報を得て判断をしているようでいて、大きな社会の動きや策略に流されていることを感じます。

私たち個々人が、自分で手に入れられる情報や、判断の手がかりなどはほとんどなく、マスコミの情報やネット上のおびただしい情報に頼っています。若い人たちのテレビ離れは進んでいますがまだまだ、テレビへの信頼はあります。でもどのテレビ局も同じ情報を流し、スポーツとお笑い番組が増えています。私たちが得る情報自体が限られています。

今回、家制度という戦争する国の基礎となる制度が、戦後解体されたにも関わらず、今も見え隠れするこの国について、考えてみました。私たちは、戦争だけはしてはいけないという先人の教訓と、そのことから生まれた憲法の平和の理念を確認し、日々注意深く、流されることなくそれを守っていきたいと思います。

「死の商人国家」から「良心的軍事拒否国家」へ

武器取引反対ネットワーク（NAJAT）代表　杉原 浩司

はじめに

「岸田首相は2年間で、70年来の政策の隅々に手を入れ、根底から覆した。防衛費のGDP比2％への増額、反撃能力保有、そのためのトマホークの購入に踏み切った。防衛装備品の輸出にもメドをつけた。日本は今や米国にとって完全なる安全保障のパートナーだ」（2024年4月7日、産経新聞）。

エマニュエル駐日米国大使による最大級の賞賛は、そのまま私たち平和運動のここ2年の敗北を表しています。岸田政権によるそれぞれの憲法破壊と戦争準備に、主権者として、市民運動として、どこまで抗うことができたのでしょうか。

私は今まで何度も「崖っぷち」という表現を使ってきましたが、今度こそ、正真正銘の断崖絶壁に立たされていると思います。憲法9条も前文も一字一句変わっていないのに、米軍の完全なるパートナーになることは異常極まりないことです。

ここで私たちが踏ん張れなければ、日本は再び後戻りできない加害者の道へ堕落していくことになるでしょう。

五輪下の日米戦争司令部一体化

テレビがパリ五輪報道に占拠された2024年7月28日、東京・飯倉公館で外務・軍事の担当閣僚による日米安全保障協議委員会（2プラス2）が開催されました。通常国会が閉じられて1か月以上が経ち、浮かれたムードが演出される中で話し合われたのは、この国の未来に暗い影を投げかけることばかりです。

目玉とされたのは、米軍と自衛隊の指揮・統制枠組みの強化です。自衛隊が2024年度末までに部隊を一元的に運用する「統合作戦司令部」を市ヶ谷に創設するのに合わせて、米側は在日米軍を再編し、作戦指揮権を持つ「統合軍司令部」を新設する方針を明らかにしました。自衛隊が事実上、米軍の指揮統制下に組み込まれる恐れがあります。

また、核兵器を含む米国の戦力により日本への攻撃を思いとどまらせるという「拡大抑止」の強化も打ち出され、初めての閣僚会合が行われました。8月6日のヒロシマ、9日のナガサキという被爆の日を目前にして、核廃絶の願いを逆なでするものです。

さらに、武器の共同生産についても、日本が米国輸出を決めている地対空誘導弾「PAC3MSE」や中距離空対空ミサイル「AMRAAM」を挙げ、共同生産を強化するとしました。

日本を米軍の武器の備蓄を補う「下請け工場」にするものです。

戦争準備を本格化させるものばかりであり、国会を無視して決めてはならない重大な内容です。ただし、立法府をバイパスするこうした手法は今に始まったことではありません。この間、土地規制法や経済安保法、経済秘密保護法など、肝心の内容は成立後に行政が決めるという国会無視の悪法が当たり前のように制定され、殺傷武器の輸出解禁も国会に諮ることなく決定されてきています。

溶解する立法府

問題は、支持率が2割を切るほどに信頼を失った政権が、なぜこれほど異常な大軍拡をたやすく推進できてしまっているのかという点です。端的に言えば、行政の独裁化を防ぐ3つのアクターである野党、メディア、市民運動のすべてが衰弱しているからだと思います。とりわけ強調しなければならないのは、野党第一党である立憲民主党が、戦争準備に歯止めをかけるどころか、進んで賛成してしまっている点です。それによって、国会におけるチェック機能が弱体化し、立法府の溶解とも言うべき惨状が露わになっています。次の泉健太・立憲民主党代表の言葉が、その致命的な認識の誤りを示しています。

私が目指す立憲民主党政権では、外交、防衛は安定と継続。防衛予算は総点検と効率化を実施。防衛増税は不要。（7月12日、ツイッター（X）で）

エマニュエル駐日米国大使が看破しているように、70年来の「戦後平和主義」の継続性を、最終的に、根底から破壊したのが岸田政権なのです。そうである以上、岸田政権の「外交・防衛」政策の「安定と継続」とは、憲法破壊と戦争準備を「継続」することにほかなりません。泉代表はそのことを分かっていないのか、あるいは、分かっていても、波風を立てない方が政権交代に有利だと判断しているのか、いずれにしても平和主義の破壊に手を貸すことになります。

見逃せないのは、立憲民主党による「安定と継続」がすでに始まっていることです。ここ3年の同党の法案への態度を見ると、2年前の経済安保法、1年前の軍需産業強化法、そして、2024年の通常国会では、秘密保護法の大改悪である経済秘密保護法、統合作戦司令部を設置するための防衛省設置法と自衛隊法の改悪、次期戦闘機の開発・生産・輸出のための調整機関設置条約にことごとく賛成しました。

「大政翼賛会」の出現

立憲民主党が賛成した悪法の中で、２０２３年6月7日に成立した軍需産業強化法（防衛生産基盤強化法）を振り返っておきましょう。その実質審議は、衆議院と参議院ともにわずか5時間ずつ。アリバイにもならないスピード審議でした。衆議院安全保障委員会の採決では、30人の委員の中で反対したのは、なんと共産党の赤嶺政賢議員だけでした。これでは、まるで大政翼賛会です。

武器工場の設備増強や武器輸出に税金を投入するという、掟破りの悪法の背景にあるのは、日本の軍需企業の危機です。コマツや島津製作所などの大手をはじめ、この20年で約１００社が撤退したと言われています。理由として、武器輸出が失敗続きのため市場が国内に限られ、利益率も低いことなどが挙げられています。

このままでは5年間で43兆円、武器ローンも入れると60兆円に及ぶような大軍拡は実現できないとして、政府が惜しげもなく税金をぶち込むのが、この法律の本質です。製造工程を効率化したり、サイバーセキュリティを強化したり、サプライチェーン、つまり部品供給のリスク対応などに充てる経費に税金を投入します。さらに、武器輸出の促進を狙い、一部の経費を税金でまかないます。最先端の武器ではなく、性能を落として（ダウングレード）輸出する場合の経費を補てんするのです。国会審議で、初年度に計上された400億円の積算根拠を聞かれても、防衛省は「引き合いを受けている具体的案件の積み上げげです」として、中身を一切明らかにしませんでした。これでは適正な予算かどうか、検証しようがありません。

そして、こうした税金投入を行っても、結局撤退せざるを得ない時には、工場や設備を国有化すると言うのです。戦前の反省に基づいて、「工廠」と呼ばれた国営の軍需工場をつくらないできた、そのタブーを破ることになります。元々赤字が出て倒産寸前のところを、税金で延命させているわけですから、ほかの企業が本当に引き受けてくれるかどうかわかりません。結局、国有化がずっと続いていく恐れが高いと言われています。また、軍需企業はもともと国とのパイプが強いため、天下りや背任事件が多発してきました。今回、税金投入を行い、武器輸出を支える法人も新設されたため、汚職や腐敗の温床となる危険性が増すと指摘されています。

加えて、火事場泥棒のごとく、立法事実（法的な根拠）のない仕組みも入れ込みました。情報保全のためとして、従業員に守秘義務を課して刑事罰の対象にしたのですが、赤嶺政賢議員が「情報漏洩が問題になったことがいつあったのか」と委員会で質問したところ、30年近く前に1件だけあったという答弁が返ってきました。端的に不要なのです。

こうした危険な法律だったにもかかわらず、立憲民主党が早々に賛成に回ったばかりか、市民運動もほとんど反対の取り組みを行えませんでした。あえてふれますが、「総がかり行動実行委員会」をはじめとする力のある組織が、ほとんど何も取り組まなかったのは致命的なことだったと思います。

松川るい議員との「死の商人」論争

軍需産業強化法の審議の中で、私は初めて国会で発言する機会を得ました。２０２３年5月30日の参議院外交防衛委員会に参考人の一人として呼ばれたのです。安全保障分野の国会審議に市民運動の声を響かせる貴重な機会でした。

私は普段と同様に、単刀直入に主張することを心がけました。「公然と殺傷能力のある武器輸出に踏み込むことは『平和国家』から『死の商人国家』への堕落だ」と。これに対して、自民党の新興国防族の一人と目される松川るい参議院議員が、「死の商人といったレッテル貼りの中で、防衛産業が後ろ指を指されることがあってはならない」と反発したのです。私は、維新の音喜多駿議員の「死の商人とかいう強い言葉もあるが、平和を目指す一致点は変わらない」との発言に答える形で、松川議員に反論しました。

防衛産業の労働者にとって、従来通り、自衛のための武器をつくるのか、あるいは敵基地攻撃に使われたり、輸出されることによって他国の人々を殺傷しかねない武器をつくるのかは全然違う。

防衛産業の皆さんに後ろ指を指されるようなことをやらせようとしているのが、武器輸出を促進しようとしている政府与党であり、それを進めるこの法案に賛成している会派の皆さんではないか。

この質疑を通して、改めて、「死の商人」という言葉の持つパワーと有効性が明らかになりました。どんどん使っていくべきです。

ただ一方で、殺傷武器の輸出解禁と同様に、敵基地攻撃能力の保有もどんどん進展してしまっています。陸上自衛隊大分分屯地では、三菱重工小牧北工場で一部量産が始まった「12式地対艦誘導弾能力向上型」などを保管すると見られる9棟もの新たな弾薬庫の建設が始まりました。さらに、湯布院温泉に隣接する湯布院駐屯地では、ミサイル部隊「西部方面特科隊」が「第2特科団」に格上げされ、九州・沖縄に展開しているミサイル部隊を統括する司令部が置かれました。運用されるミサイルの主力となるのが2026年度の配備が狙われている「12式地対艦誘導弾能力向上型」とされています。大分は隣国への攻撃拠点となると同時に、標的となるリスクも押し付けられることになります。さらに、京都府精華町にある祝園分屯地でも、新たに8棟もの弾薬庫が増設されようとしており、ここでも敵基地攻撃ミサイルの保管が狙われています。「12式能力向上型」は琉球弧（南西諸島）のミサイル部隊への配備も狙われています。各地の地元住民による反対運動を積極的に後押ししていく必要があるでしょう。

世界第3位の軍事費大国へ

日本の軍拡の規模は、私たちが想像している以上に、途方もないものになっています。5年間で43兆円（武器ローンを入れると60兆円超）を軍事費に投じると決めた「安保3文書」を具体化した2023年度の軍事費（防衛予算）の伸びが象徴的です。総額は、なんと前年度を1兆4000億円上回りました。ロシアによるウクライナ侵略戦争の影響により、世界中で軍拡が進み軍事費が伸びていますが、実は日本が最も突出しています。2023年度は対前年度比で26％増です。アメリカですら10％、中国が7％、ヨーロッパでは20％程度増の国もありますが、26％増の日本がおそらく最高でしょう。

具体的な項目を見ても、まず、アメリカからの武器購入費が4倍になっています。安倍政権時代に「爆買い」だと批判されましたが、その最高額は年7000億円でした。それが岸田政権では、1兆4000億円を超えています。さらに弾薬費が前年度の3・3倍、施設整備費が3・3倍、研究開発費は3・1倍です。研究開発費の増額については、自民党の国防議連が提言を出して、5年で1兆円にしろと言っていましたが、なんと1年で8900億円まで一気に到達してしまいました。

具体的な内訳を見ても、例えば巡航ミサイル「トマホーク」は、米国のレイセオンという巨大軍需企業から400発を購入して、関連経費も入れると2500億円を超えています。1発約5億円で購入するのですが、米軍は2億円から3億円で買っているので、2倍近くぼったくられていることになります。日本独自でも数種類の敵基地攻撃ミサイルを、三菱重工を中心にガンガン開発しています。

笑いの止まらぬ「死の商人」

こうした大軍拡の進展は、国内外の「死の商人」に〝我が世の春〟をもたらしています。防衛省の2023年度中央調達（武器や燃料などの購入）で、軍需最大手の三菱重工の契約額は1兆6800億円と、前年度の4・6倍に急膨張。米国政府を上回ってトップとなりました。

愛知県の小牧北工場などで製造する「12式地対艦誘導弾能力向上型」、「島しょ防衛用高速滑空弾」、「極超音速誘導弾」など4種類もの敵基地攻撃ミサイルをはじめとする「ミサイル特需」が大きな要因となっています。

2位の米国政府も前年度比で約3・7倍の1兆3686億円に激増。以下、川崎重工が3886億円（前年度比約2・3倍）、日本電気（NEC）で2954億円（同約3・1倍）、三菱電機で2685億円（同約3・6倍）と続いています。異常極まりない数字ではないでしょうか。軍需産業が有力な投資先となることは、「軍産学複合体」を引き寄せる危険な兆候です。「軍需は儲かる」と企業が味をしめることで、「死の商人国家」が一気にその姿を表すことになりかねません。

またこの間、ロッキード・マーチン、BAEシステムズなどの欧米軍需大手が、拡大する日本の武器市場を狙って、アジアの拠点を日本にシフトしてきています。

そして、最近では驚くべきニュースが報じられました。政府が7月10日、2023年度予算に6兆8219億円を計上した防衛費のうち、使い切れなかった不用額が約1300億円に上るとの見通しを明らかにしたのです。同日の朝日新聞は、「予算を急に増やし過ぎ、業者との調整などが追いつかなかった」との財務省関係者の指摘を伝えています。その余った予算を、ケア労働者の勤務環境改善や科研費の増額に使うべきだとの声が上がるのは当然ではないでしょうか。

「国是」の最終的な破壊

冒頭で紹介したエマニュエル駐日米国大使がふれていたように、岸田政権によって根底から覆された平和政策の最新版が、殺傷武器の輸出禁止です。ただし、これはエマニュエル大使が述べるような「70年来の政策」ではないことに注意が必要です。なぜなら、起源は１９６７年とされているからです。

日本は戦後、１９５０年代前半から60年代にかけて、東南アジアや米国などに武器を輸出していました。憲法９条イコール武器輸出禁止ではないのです。１９６３年、糸川英夫博士ら東京大学の生産技術研究所がメーカーと共同開発したロケットが旧ユーゴスラビアに輸出された件をめぐって、軍事転用の恐れが指摘され、１９６７年に国会で議論になりました。その際、佐藤栄作首相が輸出貿易管理令などの運用指針として、①共産圏諸国、②国連安保理決議で武器等の輸出が禁止されている国、③紛争当事国またはそのおそれのある国、の３つの対象地域への武器輸出禁止を国会で明言しました。

その後、１９７６年には三木武夫首相が、三原則の対象地域以外への輸出も「慎む」との統一見解を表明し、全面禁輸が確立しました。ベトナム反戦運動など、平和を求める主権者の強い世論を受けて、公明党を含む野党が国会論戦を通じて自民党政権につくらせたところに、武器輸出三原則の積極的な意義があります。１９８１年には衆参両院が、三原則の厳格な運用を求める全会一致の国会決議を採択し、「国是」にまで高められたのです。

しかし、１９８３年の中曽根政権による対米武器技術供与を皮切りに、２００５年の小泉政権による弾道ミサイル防衛用の迎撃ミサイルの日米共同開発など、武器輸出三原則の例外化措置が繰り返されました。そして、最大の骨抜きは民主党政権のもとで引き起こされました。２０１１年12月、野田政権による、密室での副大臣級会合を経ての「武器の国際共同開発・生産」の包括的例外化です。「原則と例外を逆転させた」（青井未帆、『亡国の武器輸出』合同出版、２０１７年）と言われるほどの暴挙でした。それを踏まえて、２０１４年４月、安倍政権が武器輸出三原則を撤廃し、「防衛装備移転三原則」を閣議決定します。言葉のすり替えで中身を逆転させ、武器輸出を国策とする大転換でした。「国是」を覆すのですから、最低でも全会一致の国会決議を踏まえた決定がなされるべきでした。

殺傷武器の輸出解禁へ

3月26日、岸田政権はイギリス、イタリアと共同開発する次期戦闘機の第三国輸出の解禁を、閣議と国家安全保障会議で決定しました。2023年12月のライセンス生産品のライセンス元への輸出などの解禁に続く、殺傷武器輸出の解禁となりました。戦闘機は最新鋭の殺傷能力の塊であり、いきなり大穴を空けたことになります。

そもそも、10年前につくられた防衛装備移転三原則自体が抜け穴だらけのものでした。「紛争当事国には輸出しない」としているものの、「紛争当事国」の定義を「武力攻撃が発生し、国際の平和及び安全を維持し又は回復するため、国連安全保障理事会がとっている措置の対象国」と極めて狭く限定しているため、現実に全くそぐわないものとなっています。2024年2月21日、本村伸子衆議院議員（共産）の「紛争当事国はどこか」との質問に対して、林芳正官房長官は、「現時点で基本的に存在しない」と答えました。あり得ません。また、「平和国家の理念」も、「国際紛争を助長しない」から「国連憲章を遵守する」にすり替えられました。国連加盟国が国連憲章を守るのは当然のことです。

政府の裁量を広げた内容でありながらも、「殺傷武器」の輸出は辛うじて回避されました。

運用指針において、武器輸出の用途を、抑制的な5類型（救難、輸送、警戒、監視、掃海）に限定したからです。ただし、「共同開発・生産」という形をとれば、殺傷武器の輸出も排除されませんでした。失敗に終わったものの、２０１６年にオーストラリアへの潜水艦輸出が企てられたのはそのためです。

この10年で完成品の武器輸出は、三菱電機製警戒管制レーダーのフィリピンへの輸出1件に留まりました。ただし、共同開発については、三菱電機が参加した戦闘機用ミサイルの日英共同研究が２０２３年をもって終了しています。

密室協議という「独裁」

こうした惨憺たる結果を踏まえて、岸田政権は禁じ手に踏み込んでいきます。２０２２年12月の「安保3文書」で武器輸出を積極的に位置付けたうえで、最初に行ったのが、２０２３年6月の武器輸出に税金を投じる軍需産業強化法の制定でした。また、外務省が「同志国」軍に武器を無償でプレゼントする「政府安全保障能力強化支援」（ＯＳＡ）まで創設しました。外交の「非軍事」原則についに終止符が打たれたのです。

そして、本丸である殺傷武器の輸出解禁に打って出ます。その推進装置となったのが、自民

7人、公明5人のわずか12人の与党議員による密室協議（議事概要すら出さない）で、2023年4月末から、23回に及ぶ密室協議を重ねました。加納雄大（PKO本部事務局長）、髙見澤將林（元防衛官僚）、佐藤丙午（拓殖大学教授）、伊藤弘太郎（キヤノングローバル戦略研究所）と軍需企業の業界団体幹部からヒアリングを行い、2023年12月に提言を提出。それをもとに、岸田政権は殺傷武器の輸出解禁に踏み切り、〝くにのかたち〟を大転換させたのです。主権在民の対極にある独裁国家の手法と言わざるを得ません。

ちなみに、密室協議の座長を務めた小野寺五典元防衛相は、議員会館の廊下で偶然鉢合わせした際、私からの「与党のわずか12人の密室協議で殺傷武器輸出に道を開くのは認められないのでは」との質問に、「野党間で協議する場合もいちいち公開しないでしょう」とうそぶいてみせました。次元が異なるものを一緒くたにする詭弁に過ぎません。

2023年12月の解禁の内容は、武器輸出三原則の肝だった「国際紛争を助長しない」に抵触するものばかりです。

①ライセンス品（他国企業の許可を得て生産）のライセンス元国への輸出は、米独などへの輸出により、玉突き的にウクライナやイスラエルへの輸出を促進します。②部品輸出の解禁は、例えばIHIによるF15戦闘機エンジン部品の輸出によって、戦闘機による戦争犯罪に加担することになります。③5類型の武器輸出の際の殺傷武器搭載の解禁は、5類型の策定当時の防衛

官僚（髙見澤將林）の密室での「証言」だけが根拠とされ、政策決定としてあり得ません④「国際法違反の侵略などを受けている国」への非殺傷武器の輸出解禁は、定義が曖昧で、そもそもイスラエルの残虐な爆撃すら「国際人道法違反」と認めない日本政府による認定は恣意的にならざるを得ません。

さらに、ライセンス元国への初輸出として、米国へのパトリオットミサイル（PAC2、PAC3）輸出が何の議論もなくあっさりと決定され、7月28日には約30億円分の輸出契約を結んだことが発表されました。

次期戦闘機の第三国輸出の危険性

公明党が2023年11月末頃から強い慎重姿勢を示した結果、本丸とされた次期戦闘機の第三国輸出についての判断は年を越したものの、最後は急速に妥協へと舵を切り、3月26日の輸出解禁に至りました。

次期戦闘機の第三国輸出は、メイドインジャパンの武器による他国の人々の殺傷に直結するものです。それは、過去の実例を見れば一目瞭然です。

共同開発のパートナー国であるイギリス自身が、イタリアやドイツ、スペインと共同開発した戦闘機「ユーロファイター」などにより、2014年から2017年にかけて、イラクで1300回以上、シリアで260回以上の攻撃を行っています。

そして、第三国輸出はさらに重大な問題を引き起こしました。サウジアラビアが率いた連合軍による2015年3月からのイエメン内戦への軍事介入において、サウジアラビアはイギリスから輸入した同機72機を無差別空爆に使用し、多数の民間人を殺傷したのです。最初の約3か月で2724回の空爆を行い、2018年8月にはバスを「誤爆」し子ども40人を虐殺しました。2019年9月、国連人権理事会の専門家グループは、米英仏などによる「合法性の疑わしい」継続的な武器輸出が「紛争と人々の苦難を長引かせている」と非難しました。

そのサウジアラビアが、今回の共同開発への参加を申し出ています。日本が難色を示し、現時点では実現していません。しかし、サウジアラビアがこの次期戦闘機を導入する可能性は高いでしょう。そうなれば、イエメンへの無差別空爆のような戦争犯罪が再現される恐れは十分にあります。

一方で、日本が行うと想定されている東南アジアへの戦闘機輸出に問題はないのでしょうか。

かつて韓国がフィリピンに輸出したFA50戦闘機が、2017年にミンダナオ島マラウィ市でのフィリピン国軍と武装勢力との市街戦に投入され、人々を殺傷しています。日本による次期戦闘機の輸出も、国内紛争への加担というリスクから逃れることはできません。

岸田首相は公明党議員の質問に答えて、「輸出等による価格低減努力」を行わなければ、「交渉上不利な立場に置かれ、自らの要求性能の実現が困難になる」と認識するに至ったと述べ、「戦闘機の第三国輸出は国益」と断言しました。これこそ、「日本製の武器で他国の人間が何人殺されようが知ったことか。日本企業の儲けこそが最優先だ」との「死の商人国家」宣言に他なりません。日本はここまで落ちぶれたのです。

無意味な「歯止め」

そして、公明党が賛成に回る口実にした「歯止め」なるものは、どれ一つとっても無意味なものに過ぎませんでした。①「次期戦闘機に限定」について、小野寺五典元防衛相は、「新しい案件を追加していけばいいだけで何の制約もない」（3月27日、朝日）と即座に否定。②「輸出相手国は日本と『防衛装備品（武器）・技術移転協定』を締結している国に限る」としていますが、現行の武器輸出も同協定が前提となっており、新たな歯止めではありません。また、今後締結国を政府の判断のみでいくらでも拡大できます。さらに言えば、現時点での締結国15か国（米国、英国、フランス、ドイツ、イタリア、スウェーデン、豪州、インド、シンガポール、フィリピン、インドネシア、マレーシア、ベトナム、タイ、アラブ首長国連邦（UAE）をとっても、国際法違反のイラク戦争を行った米英や、国内紛争を抱えるフィリピン、サウジアラビアとともにイエメンを無差別空爆したUAEなど、問題のある国が多く含まれます。③「現に戦闘が行われていると判断される国は除外する」といっても、停戦になればOKなら、イスラエルにさえ輸出できます。また、輸出した後に戦闘や虐殺が起きない保証はありません。

加えて、④次期戦闘機の輸出を可能とする承認と実際に輸出する場合の個別案件ごとの承認のそれぞれにおいて行う「二重の閣議決定」をさらなる歯止めと称していますが、国会と主権者を完全に無視した行政の独裁に過ぎません。

敵基地攻撃ミサイル輸出の懸念

次期戦闘機の完成は2035年以降とされ、まだ10年以上かかります。それまでに別の殺傷武器の輸出が表面化する可能性は十分にあるでしょう。

すでにその有力候補が保守系シンクタンクのメンバーから言及されています。地経学研究所の小木洋人は、「地対艦ミサイル（12式地対艦誘導弾能力向上型）は防御的なので輸出していくべき。平和国家としての姿勢と両立し得る」（2024年6月14日、BSフジ「プライムニュース」）と語りました。恐るべき発言です。隣国への先制攻撃に用いられかねないミサイルの輸出が「平和国家」と両立するはずがありません。

殺傷武器輸出解禁の密室協議にも呼ばれたキヤノングローバル研究所の伊藤弘太郎も、「12式は格好の装備ですが、陸自に輸出の意識はまったくない。もったいないなあと思います」（2024年1月14日、読売）と、同じく12式能力向上型の輸出を推奨し、陸上自衛隊が2023年8月、豪州での共同訓練で12式ミサイルを試射したことをあげて、韓国を見習い、「演習も輸出促進の一環になる」と提言してみせます。

こうした主張が大手を振って垂れ流される一方で、立憲主義と平和主義の立場からの対抗言論は、ますます締め出されています。敵基地攻撃兵器の保有自体が憲法違反であるにもかかわらず、今やその輸出までが狙われていることの恐ろしさをひしひしと感じます。こうした暴挙は、なんとしても食い止めなければいけません。

イスラエルの「死の商人」との共謀

ここで、「死の商人国家」への堕落のもう一つの現れとして、パレスチナ人のジェノサイド（意図的な集団殺害）を実行中のイスラエルとの露骨な武器取引の問題にふれておきます。

２０２３年３月、千葉県が所有する公的施設である幕張メッセで、総合武器見本市「DSEI Japan 2023」が開催されました。「安保３文書」発表直後というタイミングもあって、拡大する日本の武器市場を狙う国内外の軍需企業が多数出展しました。なかでも、前回２０１９年11月には３社ほどに過ぎなかったイスラエルの軍需企業の出展は、一挙に16社へと急拡大したのです。

この武器見本市の会場の一角で、イスラエル最大の軍需企業エルビット・システムズと、日本の軍需商社である伊藤忠アビエーション（伊藤忠商事の１００％子会社）、日本エヤークラフトサプライの幹部が、なんとシャンパンで乾杯しながら「戦略的協力覚書」を締結しました。パレスチナ人の命と引き替えに開発したエルビットの武器を、日本へ売り込んでいこうという内容です。この信じられない企てに対して、ＮＡＪＡＴなどが、両社の社長宛てのハガキを組み込んだアクションシートの配布や企業への申し入れなどを展開しました。

その後、２０２３年10月７日以降のガザ大虐殺への抗議に立ち上がった「〈パレスチナ〉を生きる人々を想う学生若者有志の会」などの若者たちや在日パレスチナ人らが合流し、一気に取り組みを加速させました。伊藤忠本社前での再三の抗議や就活イベントなどでのアピール、ネット署名（２万４０００筆超）などが集中的に取り組まれました。「BDS Japan Bulletin」の呼びかけで始まった系列企業（ファミリーマート、プリマハム、エドウィン、アンダーアーマーなど）製品のボイコット運動は、国内に留まらずマレーシアなどにも広がりました。その結果、伊藤忠商事は2月5日、イスラエルにジェノサイド（意図的な集団殺害）を防止するあらゆる措置を取るよう命じた国際司法裁判所（ＩＣＪ）による暫定措置命令と、「命令は誠実に履行されるべき」との上川陽子外相談話を理由として、協力覚書の2月末での終了を発表しました。2月9日には、日本エヤークラフトサプライも追随しました。

これは市民による画期的な勝利であり、ＩＣＪの命令後、初のＢＤＳ（ボイコット、投資引き揚げ、制裁）運動の成功例として、国際的にも大きな反響を呼びました。

血まみれ虐殺ドローン輸入の発覚

ところが、話はそこで終わりませんでした。直後の2月20日、私も参加する「大軍拡と基地強化にＮＯ！アクション」による防衛省交渉とその後の追加質問を通じて、防衛省が導入を検討している攻撃型ドローンの候補機7機中の5機までがイスラエル製であることが判明したのです。さらに、複数の日本企業がそれぞれの輸入代理店となって利益を得ようとしていることも分かりました。信じられないことに、候補機を選んだ1月下旬は、ガザでの虐殺が25000人以上に及んでいた時期でした。日本は官民一体となって、虐殺加担の取引にのめ

<小型攻撃機>
・SkyStrker(エルビット・システムズ) :日本エヤークラフトサプライ(落札価格 1430万円)
・ROTEM L(IAI):海外物産(落札価格 1円)
・Point Blank(IAI):海外物産(落札価格 1円)
・HERO-120(Uvision):住商エアロシステム(落札価格 6063万7500円)
<多用途/攻撃機>
・Heron MKⅡ(IAI):川崎重工(落札価格 31億5062万円)

表 攻撃型ドローンのイスラエル製候補機と輸入代理店

り込んでいたのです。

小型機については、製造国イスラエルでの実証試験が終了し、すでに報告書が納入されています。多用途・攻撃機のHeronについては、2025年1月31日が報告書の納入期限となっており、すべての報告書が出揃ったところで、2025年度初頭にも絞り込みと本格導入に進むと見られます。

この血塗られた取引を止めるため、2024年3月11日、アーティストら市民有志が、川崎重工がオフィシャルパートナーを務める国立西洋美術館でのメディア向け内覧会で抗議行動を展開し、川崎重工に輸入中止を、西洋美術館には川崎重工への働きかけを要求しました。3月15日には、輸入代理店4社に対して、若者たちを中心とする「殺しで儲ける会社ツアーデモ」が取り組まれ、4月16日と5月31日には防衛省前で抗議行動が行われました。大阪発と東京発のネット署名も一次提出が行われ、継続されています。

6月21日にNAJATが主催した防衛省・外務省との交渉にお

いて、3月にスペイン製と豪州製の2機種が小型攻撃ドローンの候補機に追加され、小型機ではイスラエル製の割合が5分の4から7分の4に減少したことが判明しました。追加の公告が2月5日になされたことを考慮すると、1月末の国際司法裁判所（ICJ）による暫定措置命令を受けて、分母を増やしてフリーハンドを確保しようとしたのではないかと思われます。

さらに、多用途・攻撃ドローンの輸入代理店の一つである川崎重工の橋本康彦社長は、6月26日の神戸での株主総会で、「イスラエルの無人機（の輸入）は南海トラフ巨大地震が発生した場合の仕組みに活かすためで、戦争に使用する目的ではない」（6月27日、神戸新聞）と言い放ちました。防衛省の「空中から目標を捜索・識別して迅速に目標に対処することを想定」との説明と大きく食い違っています。

「いったいどちらの言い分が正しいのか」とのNAJATによる追加質問に、防衛省は「お答えする立場にない」と逃げました。運用する防衛省以外に答えられるところはありません。これにより、口裏合わせが不可能であることが示され、橋本社長の答弁が虚偽である可能性が高まりました。導入を狙う側の動揺が表面化してきています。

今後、輸入代理店への働きかけにおいて、伊藤忠商事とエルビット・システムズとの協力覚書を終わらせる際に力を発揮したBDS（ボイコット、投資引き揚げ、制裁）の手法を取り入れます。ネット署名の二次提出をしても撤退しない場合、当面は川崎重工と住商エアロシステムに焦点を当て、前者はKawasakiのバイクの不買を、後者は、親会社の住友商事系の企業（スーパーの「サミット」やドラッグストアの「トモズ」など）の不買を本格的に呼びかけていきます。

コロンビアは6月8日、ジェノサイドが止まるまで、イスラエルへの石炭輸出とイスラエルからの武器輸入を停止しました。本来なら、日本政府もイスラエルに停戦を呑ませるために、可能な限りの制裁を発動すべきです。虐殺加担のドローン輸入を1日も早くやめさせ、日イスラエル経済連携協定共同研究の停止や日イスラエル武器・技術に関する秘密情報保護の覚書の破棄などの実効性ある制裁を強く求めていきます。

民間企業による虐殺加担としては、大手産業ロボット製造企業ファナック（FANUC）がイスラエルや米英の軍需企業に産業ロボットを販売し、その工場で製造された155㎜りゅう弾砲などの残虐な殺傷武器がガザ大虐殺で使用されていることも明らかになっています。虐殺現場に最も近い日本企業であるファナックに対して、BDS Japan Bulletinなどがネット署名を呼びかけ、3月22日に28000筆超が山梨本社に提出されました。6月27日の株主総会では本社前で抗議行動が取り組まれ、7月には公開質問状も提出されました。

西欧人権思想の死に際して

今、時代は歴史的な分岐点に差しかかっています。気候危機や災害、貧困、感染症などのグローバルな危機が深刻化する中、人類は相変わらず経済成長を追い求め、あらゆる生命の生存基盤を破壊し、そこかしこで戦争や虐殺を引き起こしています。世界の軍事費は過去最高を更新し続けています。武器は、使用される前に、本来振り向けられるべき分野の予算を奪うことによっても命を脅かします。この流れを転換させる道はどこにあるのでしょうか。

そして、ロシアによるウクライナ侵略戦争とイスラエルによるパレスチナへのジェノサイドによって明らかになったのは、日本を含む西側諸国のあからさまなダブルスタンダードでした。米国は今なお大量の武器をイスラエルに供給し続け、ドイツも3月にようやく停止したものの、2023年のイスラエルへの武器輸出は前年の10倍に達しました。

2024年8月9日、長崎市（鈴木史朗市長）が平和祈念式典にイスラエルを招待しなかったことに反発して、米英など「G7」の日本を除く6か国とEUが、式典を欠席するという前代未聞の暴挙に出ました。

スラヴォイ・ジジェクは、「ガザで起きていることはヨーロッパの死である」「ヨーロッパの人権思想という爆弾が降り注いでいる」と訴えています。欧米が吹聴してきた「人権」「自由」「平等」「民主主義」「法の支配」などの普遍的な理念が、いかさまに過ぎなかったことが、パレスチナ人の大量虐殺という取り返しのつかない代償によって明らかになったのです。そして人類は、ガザや西岸、ウクライナやスーダン、ミャンマーなど各地で虐殺が続く中で、「オリンピック」なる商業イベントにうつつを抜かし、「スポーツウォッシング」に明け暮れました。

それでも生き延びるためには、西欧普遍主義の屍を葬ったうえで、新しい正義や普遍性を世界の民衆こそが再構築するしかありません。それは、ウクライナやパレスチナなど殺される側の人々に連帯し、グローバルな軍事化に抗する人々のデモの先にようやく姿を現すものでしょう。

「最後の命綱」としての市民運動の課題

私は、世界でも、日本でも、市民運動こそが「最後の命綱」だと確信しています。そのための肝は、市民運動が自由であり続けること、独立性を手放さないことです。立憲民主党をはじめとする立憲野党に対しても、忖度することなく、緊張関係を保って協働していくことがますます重要になると思っています。

そして、もう一つだけ、希望の芽があるとすれば、遅すぎたとはいえ、国際司法裁判所（ＩＣＪ）や国際刑事裁判所（ＩＣＣ）などの国際司法が、ようやく本来果たすべき機能を発揮し始めていることだと思います。プーチンやネタニヤフらに逮捕状を請求したＩＣＣのカリム・カーン主任検察官は、「法を平等に適用しなければ、種としての人類が崩壊する」（『世界』2024年8月号）と語っています。米国などの圧力からＩＣＣを守り、その決断に実効力を持たせるのは世界の市民の役割でしょう。

では最後に、日本はどこへ進むべきなのでしょうか。日本はイスラエルの虐殺に加担し、何一つ制裁を行ってきませんでした。それどころか、イスラエル製の攻撃型ドローンの輸入さえやめていません。間違いなく、血塗られた西側の一員です。しかし、その日本は、ＩＣＣの最大の資金拠出国であり、赤根智子所長も出しています。そのポジションを最大限に活かした外交ができないはずはありません。本来なら、米国に「イスラエルへの武器輸出をやめろ」と断固主張すべきです。

さらに言えば、今に始まったわけではありませんが、イスラエルに大量の武器を送り続け、拒否権を繰り返し行使して国連安保理の停戦決議を潰してきた米国が、紛れもない「ジェノサイド共犯国家」であることは明らかです。

そのような米国との軍事同盟を強化し、指揮統制の連携を強化し、武器の共同開発・生産を拡大し、武器輸出して米国の武器の備蓄を補い、米軍の武器の修理を担い、米国に他国への核攻撃を懇願し、米兵の性暴力犯罪を隠ぺいし、米軍のために新基地を建設し、軍事化した琉球弧（南西諸島）を米軍と自衛隊による共同戦争の戦場にしていくことが、武力による解決を放棄した憲法9条と、世界の人々の平和的生存権を守ると宣言した憲法前文を持つ日本が進むべき道であるとは到底思えません。今こそ、日米安保の解消と東アジアの「共通の安全保障」システムの構築を主張すべき時ではないでしょうか。

日本は「良心的軍事拒否国家」として、軍事的な関与を行わず、武器輸出の抜本的規制やAI兵器の開発禁止、核兵器廃絶、紛争解決のための仲介、気候危機（地球沸騰化）の克服、貧困や差別の解消、ジェンダー平等の確立、難民受け入れ、災害救助などの非軍事分野に、徹底的に尽力していくべきだと考えます。そのような道に向かって歩み出すような政権交代こそを、今度こそ実現していくべきです。

そのためには、立憲野党を「つなぐ」だけではなく、市民の中から候補者を送り込んでいくことも必要です。また、クオータ制を法制化するための「市民＝議員立法」運動（市民が発案し、議員や法制局とともに練り上げて成立させる）も可能ではないでしょうか。

「戦争ではなく平和の準備を」。主権在民と基本的人権の尊重と平和主義。その原点に帰り、憲法の理念が実現する世界を創り出せるかどうかは、他でもない主権者一人ひとりの「不断の努力」に懸かっています。まだなんとか間に合います。

人の命を財源で語る先に、待ち受けている地獄

作家・反貧困ネットワーク世話人　雨宮 処凛

私は2006年から20年近く、貧困問題に取り組んでいます。この十数年は、「人の命を財源で語るな」ということを一つの大きなスローガンに運動をしてきました。

この10年ほどの大きな問題として、生活保護基準の引き下げ問題があります。

自民党が野党だった2012年、同党では世耕弘成議員を座長として、生活保護プロジェクトチームが作られました（そんな世耕議員は23年から裏金問題で注目を集め、24年に自民党を離党しているのはご存知の通りですが、12年頃、世耕議員は生活保護利用者のフルスペックの人権を否定するような発言もしています）。そこで掲げられたのは生活保護の1割カット。そうして2012年12月の選挙で自民党は政権に返り咲きます。

そんな第2次安倍政権がまっさきに手をつけたのは、生活保護基準の引き下げでした。

この引き下げにより、生活保護世帯はただでさえ少ない保護費を引き下げられ、本当に大変な思いをしています。そしてそんな状態が、もう10年以上にわたって続いています。さらに、この22か月間は、そこに物価高騰がかぶさっているわけです。

それだけではありません。

2020年からはコロナ禍で、マスクや消毒液などこれまでにない出費も増えています。

生活保護引き下げ、コロナ禍、そして物価高騰という3つを受け、本当にトリプルパンチのような状態です。

このところ、毎年のように夏になると「命の危険を感じるほどの猛暑」と言われますが、生活保護を利用する人の中には、そんな中でも電気代が高いのでエアコンをつけずに我慢している人もいます。そもそも自宅にエアコンがない人もいます。熱中症にならないようエアコンを使用してくださいと最近はテレビなどでも呼びかけていますが、ない人はどうすればいいのでしょう。

この前、電話相談会で電話を受けた方は、昼間はとにかく我慢して、夜、寝る時だけクーラーをつけているということでした。高齢の男性で、年金が少ないために節約に節約を重ねているという話を聞いて、熱中症で亡くなる人の中には、経済的な理由で自分の身を守れない人も多くいることを痛感しました。

この一点だけでも、軍事費よりもほかにお金を使うべきことはたくさんあるのではないかと思います。

生活保護基準の引き下げに対して、8年ぐらい前から、これは違憲ではないかということで、全国で裁判が始まっていて「いのちのとりで裁判」と呼ばれています。

全国で生活保護を利用する人たち1000人以上が原告になって国・自治体を相手に裁判を闘い、今のところ11勝10敗と勝ち越しているという状況です（2024年7月時点で17勝11敗）。

コロナ5類移行後も餓死寸前のSOS

このように、生活保護を利用している人たちも大変な状況ですが、2020年に始まったコロナ禍では、新たに大勢の人たちが貧困に陥りました。

コロナ禍を受け、私が世話人をつとめる「反貧困ネットワーク」が呼びかけて、2020年3月、「新型コロナ災害緊急アクション」というネットワークが立ち上げられました。ホームレス支援などをする40団体ほどが集まってできたものです。

その「新型コロナ災害緊急アクション」では2020年4月にメールフォームを立ち上げ、以来、SOSを受け付けて困窮した人のもとに駆けつけるという駆けつけ支援をしているのですが、本当に毎日SOSメールがあり、現在に至るまで2000件ぐらいのメールが来ています（24年7月時点で2500件以上）。

どういう内容が多いかというと、「今日ホームレスになった」「アパートを追い出されそう」「3日間何も食べてない」「製造業派遣で工場に勤務しているが、その工場の操業が止まってしまった。職場の寮にはいられるけれど、現金がなく食料も尽きて、水だけで1週間過ごしている」など、本当に餓死する寸前のような状況のSOSが日々寄せられています。そしてそのメールは、コロナが5類に移行した後でも増え続けています。

若者の貧困が拡大

コロナ禍での貧困は2008年のリーマンショック後の派遣切りと比較されることが多いのですが、その時よりもずっと幅広い層が貧困に陥っているというのが実感です。特に若年化が進んでいます。

例えば2008~09年にかけての年越し派遣村。あの時は年末年始の6日間にかけ派遣村が開催されましたが、多かったのは50代や60代の男性でした。特に製造業派遣の仕事を切られて、行き場をなくしたという人が多かった印象です。

しかし今、「新型コロナ災害緊急アクション」にメールをしてSOSを求めてくる方の実に6割が10代から30代。メールをくれる人の7割以上はすでに家がない状態です。家賃の滞納で家を失ったという人もいれば、もう10年間もネットカフェ暮らしをしていたという方もいます。

一方、SOSメールをくれる人の4割以上が携帯電話が止まっています。不安定層の人の中には家がなくてもそれほど焦らないというか、ネットカフェ生活に慣れている人も一部、います。なのでアパートの部屋を失ってもそれほど焦らない人もいる。ですが、そういう人も携帯が止まったら本気で焦ります。仕事が探せなくなるからです。そうして焦って、コンビニなんかのフリーWi‐Fiを探してネット検索して、たまたま見つけた「新型コロナ災害緊急アクション」に連絡してくるのです。

女性の数は20倍に

もうひとつ、派遣村との違いは女性の割合です。

年越し派遣村の時は、年末年始の6日間で505人が来ましたが、そのうち女性は5人だけ。全体の1％でした。ですが今はSOSメールをくれる人のだいたい20％ぐらいが女性です。時期によっては半数くらいが女性ということもあります。

メール相談ではなく、野外などでの相談会に来る人たちの中にも女性が増えています。

2020年末から21年明けにかけて、派遣村有志で「コロナ被害相談村」という相談会が新宿の公園で開催されましたが、3日間で344人が来たうち、女性は62人で18％。2021年から22年にかけて同じく開催されたコロナ被害相談村では、2日間で418人が来て、うち女性が89人で21％。

ちなみに2020～21年の相談村に来てくれた62人の女性のうち、29％がすでに住まいがなく、42％が収入ゼロ、21％が所持金1000円以下でした。実際、住まいを失い、所持金もゼロ円で、年末から夜はずっと歩いていたという女性にも元日に出会いました。そのような方は年明け、役所が開くと同時に生活保護申請に同行するという流れです。SOSメールをくれる方にも同様の支援がなされています。

このような状況を見て思うのは、派遣村の時と比べて、社会から女性を守る余力が失われたということです。15年前は機能していた企業福祉や家族福祉が、もう機能しない。そうして女性が路上に追いやられている。

また、SOSメールをくれる方の2割くらいが所持金100円以下です。

このようなデータを紹介すると、「そんな状態で支援団体に頼るなんて甘えてる」ということを言う人もいるのですが、所持金100円以下というのは、そこまで自力でなんとかしようと頑張ってしまったということです。家もなく、何日も食べていないような状態で、それでも自分の力で立て直そうとして万策尽きた。そんな状態になるまで誰にも頼れなかった、自立心の強い人たちです。

路上生活者にも若者が増えている

最近、東京都が出したあるデータに衝撃を受けました。

緊急一時保護施設という、路上生活の人を一時的に保護する施設があるのですが、そこの２０２２年の利用者実績が発表されたのです。

緊急一時保護施設だから、本当に路上生活をしている人で、路上で保護された人たちの中で、20代が18％という数字が出ていました。

これはすごく衝撃的です。なぜかというと、年越し派遣村があった２００８年、緊急一時保護施設に保護された20代は全体の４％。この15年強で、４％から18％と４倍以上に増えている。驚きですが、こういうデータもまったくと言っていいほど知られていません。

なぜ「女性不況」なのか

コロナ禍では「女性不況」という言葉も登場し、女性に困窮が広がっていますが、もともと女性には非正規雇用が多いことが一番大きな理由でしょう。

たとえば、働く女性の半分以上が非正規雇用です。

そんな非正規雇用の平均年収は、２０２０年で正規４９６万円に対して、非正規１７６万円。非正規の間には男女格差もあり、非正規男性が２２８万円なのに対して非正規女性は１５３万円。月収にしたら13万円ぐらいにしかなりません。

そんなコロナ禍の「女性不況」では多くの女性の生活が大打撃を受け、自殺者も増えました。

コロナ禍で最初に影響を受けたのは飲食業や宿泊業ですが、そこで働く人の６割以上が女性です。しかも、ほとんどが非正規です。そういう人たちが、なんの保証もないまま放り出されて困窮に至った。

コロナ禍で明らかになったのは、そもそも日本のサービス業は非正規女性が低賃金かつ不安定雇用で支えていたこと、その人たちには保障などほとんどなかったということではないでしょうか。

そんな中、野村総研の試算によると、２０２１年の段階で女性の実質失業者は１００万人を超えていました。実質失業者とは、パート・アルバイトのうち、シフトが5割以上減少、かつ休業手当を受け取っていない人たちを指します。

先ほど女性の非正規の平均月収が13万円にも満たないことを紹介しましたが、これではシフトが1割減っても生活が維持できないでしょう。それなのに、5割以上減り、休業手当もない女性が100万人規模で生み出されていたのです。

コロナ5類移行で打ち切られた公的支援

ちなみに2023年5月から新型コロナ感染症が5類感染症に移行となり、コロナ終息ムードが広がっています。しかし、そのことによってあらゆる公的支援も終わったことが困窮者をさらに苦しめています。

それを証明するのが、今になって過去最高の人数を更新しているような、炊き出しや食品配布の現場の状況です。

コロナ禍前から毎週土曜日に、「もやい」と「新宿ごはんプラス」という団体が東京都庁の下で食品を配っていました。私も手伝いに行ったことがありますが、コロナ禍前では、50人から60人が並んでいて、だいたい近隣で野宿してる男性が常連というか、どこの誰かわかってるわかっている感じでした。

その食糧配布の場に、コロナ禍でどんどん人が増え続けていきました。そうしてコロナが5類に移行した2023年5月末、過去最多の749人と、コロナ前の10倍以上の人が並びました（2024年6月には807人に）。

並んでいる人たちのほとんどは家がある人です。なんとか最優先で家賃を払って路上には行かないようにしつつ、でもコロナ禍で給料や収入が半分になってしまっただとか、失業して貯金を食いつぶしながら節約に節約を重ねていて、一食でも節約したいというような方が来るのです。

その中には若いカップルの方もいますし、子連れのお母さんやお父さんの姿もあります。こういう人々の姿はコロナ禍前にはまったくなかったものだったので、困窮者支援の場の光景が変わってきたことをすごく感じます。

棄民政策の一方で東京オリンピック

こんな現場を17年間取材してきた身としては、軍事費を増やす前に、このような人たちにこそお金を使ってまずは命を守ってほしいと切実に思います。電気代も物価高騰で高くなっているので、エアコンは去年よりも一昨年よりもなかなかつけられないという相談も増えています。

また、私は1975年生まれのロスジェネ・就職氷河期世代です。今になって異次元の少子化対策だとか言われていますが、本来は第三次ベビーブームの担い手と期待されたこの世代は氷河期によって完全に政治に見捨てられ、50代を迎えつつあるのにずっと非正規の人も多く、また未婚率も高く、このままでは将来的に生活保護を利用せざるを得ないだろうという状況にあります。ですが、このことについても放置されたままです。

一方、困窮者に限らず、コロナ感染した人たちへの対策を見ても、国の対応は「棄民政策」と呼びたくなるようなものでした。

特に第5波、第6波では自宅療養者の中からたくさんの死者が出たというのも記憶に新しいことです。「医療崩壊」と言われて、救急車を呼んでも来ないというような状況が第5波のときには特にひどかったわけですが、そんな中でやっていたのが東京オリンピックです。

重症化しても医療が受けられず、自宅で亡くなっている人の様子が連日報じられる中、華々しく開会式が開催されていました。テレビでそれを見ながら、なんだかパラレルワールドにいるみたいで頭がクラクラしたことを覚えています。

そういう状況を見ても、国がこの国に生きる人々の命を本気で守ろうとしているとは到底思えない。それなのに、都合のいい時だけ「国民の命」や「安全」を持ち出してくる姿勢にすごく疑問を持っています。

そんな第5波、6波では、困窮者支援の現場もまさに野戦病院のような状況でした。

路上で暮らしている人の中からコロナ陽性者になる方が何人か出たからです。

そこで困ったのは、「原則自宅療養」という方針です。そう言われても、療養する自宅がない。住民票もないから保険証もない。そのような状態の人がコロナ陽性を疑われた場合にどうするかという想定がまったくされておらず、現場は大変な状況でした。

結局、支援者が命がけで自分たちのシェルターに入れるということが何度かありましたが、こうやって民間に丸投げされていることは異常だと思います。

このことには支援者たちも憤り、私もみんなと一緒に東京都に申し入れをして、家がない人の対策を考えてくれと言ってきたのですけれども、何も改善されないまま5類に移行したというのが今の状況です。

15年前、「派遣村」に来た人が相談会に

このコロナ禍で、「派遣法の破壊力」の恐ろしさをひしひしと感じました。

２００４年に製造業に派遣が解禁され不安定雇用がさらに広がり、２００８年のリーマンショックを受けて大々的に派遣切りがあり、それが派遣村につながりました。

２０１１年、東日本大震災のときにも多くの失業者が出ました。被災地やその周辺にいた人

もそうですし、それ以外の地でも震災関連で派遣切りにあったり、自粛ムードで飲食店が潰れたりと多くの困窮者が出ました。

そうして今回は、感染症の拡大です。

それを見て思うのは、この国では、何かあるたびに生活が根こそぎ破壊される層が一定数いるということ、その層が増え続けているということです。

このコロナ禍でびっくりしたことがありました。

相談会で相談を受けていたら、ホームレス状態になったという男性が、「派遣村のときにもお世話になりました」と言ってきたんです。２００８年末、仕事も住む場所も失い派遣村に来ていて、生活保護を受けた。しかし、それから十数年、ずーっと不安定雇用と生活保護を繰り返していて、コロナ禍でまたホームレス化してしまったというのです。

風俗業で働いている女性にも、同じような方がいました。

３・11のときに自粛ムードでお客さんが全然来なくなって寮を追い出されて、今回またコロナ禍でお客さんが来なくなった。コロナ禍初期は特に「濃厚接触」が恐れられて、夜の街から人が消えましたよね。それでまた寮を追い出されるということで相談に来たのです。

国からの貸付金が返済できない

リーマンショックという経済危機、東日本大震災という大災害、そして感染症。これまで幾度も危機があったのに、国のセーフティネットを強くするということがまったくやられてこなくて、結局、小手先のことだけをしています。

今回のコロナ過でもそうです。

ものすごく使いづらかった住居確保給付金の要件を少し緩和して、あとは社会福祉協議会の特例貸付を貸し付ける。これは、困っている人に200万円を借金させるという恐ろしいものですが、これが今回のメインの国の支援策でした。給付ではなくて貸付で、その特例貸付の返済が2023年1月から始まっています。

今、これが返せなくて困っているという相談が多く寄せられています。

もちろん、非課税世帯だと減免措置がありますが、それを知らなかったり、去年たまたま稼いでしまって、でも現時点で月収1万円しかないから返せない、などの声が届いています。コロナで生活費もないという人に200万円貸し出すという国のやり方がそもそもおかしかった。

諸外国では大胆な給付が何度もされています。ドイツでは、2020年4月時点で、コロナで家賃を払えない人は最大2年間、家を追い出されないというルールができました。日本もこれくらいやれば、ホームレス化する人も自殺する人も減らせたでしょう。

一方で、低賃金も問題です。

最近では最低賃金が全国平均でやっと時給1000円を超えましたが、ニュージーランドでは倍以上の2200円です。根本的に違います。

戦事中、「戦争の役に立たない人」はどう扱われたか

最後に、「新しい戦前」にしないということで、荒井裕樹さんの『まとまらない言葉を生きる』（柏書房）という本について紹介したいと思います。

この本には、戦争と障害者の話がたくさん出てきます。

戦争が近づくと、あるいは戦争の空気になるとどういうことが起きるか、78年前の戦争で何が起きたかが書かれています。

例えば戦前に障害児教育をしていて、みんなから尊敬されていたような校長先生が、戦争になった途端に「非国民」となじられる。「この非常時に障害児教育なんてのんきなことをやる

な」というふうに変わっていくわけです。

そして、障害児の方々を送った疎開先では、何かあった時の処置用のために青酸カリが配られていたそうです。戦争に役に立たないとされる人たちが非常時になると、どういう扱いを受けるかということが書かれています。

以下はこの本からの引用です。


「鬼畜米英」「撃ちてし止まん」といった荒々しい掛け声に混じって、障害者たちは「米食い虫」「非国民」と罵られていた。敵を罵る社会は、身内に対しても残酷になる。松本校長をなじった教育者たちのように「役に立たない人」を吊るし上げることが「愛国表現」だと勘違いするような人たちが出てくるのだ。

このエピソードを思い返すたびに、最も安易でたちの悪い『愛国表現』は、その場の空気に乗じて反撃できない弱者を罵ることだと痛感する。


では、障害者やハンセン病患者など戦争に行けない人たちが戦争のときに何をやっていたのか。

この本には、「兵力」にはならないハンセン病患者の書いた詩が登場します。『おねがひします鉄砲を』という詩は、なんとも勇ましい内容です。「鉄砲を下さい！」「鉄砲と機関銃をおねがひします！」など、自分も戦いたくて仕方ないという思いがほとばしっています。

荒井氏によると、「戦時中の障害者の文学作品には、実は熱烈に戦争を賛美するものが多い」といいます。

なぜかというと、「『戦争の役に立たない』からこそ、逆に『私はこんなにも戦争のことを考えています』といった表現をしなければ、ますますいじめられてしまうからだ」。

自分たちも戦争に賛成していてこんなに支持しているぞということを見せないと生きられない、さらにいじめられて居心地が悪くなってしまうということがよくわかっていたからです。

でも、こうしたことは非常時でない現在でも同じです。

高齢者ヘイトがまかり通り、生活保護バッシングがあり、障害者ヘイトが渦巻く世の中で、誰の命を優先的に守るかということが、ある意味で世界的な課題みたいになってしまっています。

特にコロナ禍では優生思想的なものが強まるような空気がありました。

アメリカのアラバマ州では２０００年４月に、重度の認知症や知的障害の人には呼吸器を使わない可能性があるというガイドラインが出ています。

これには世界中から抗議があり、すぐ取り下げられたのですが、別に戦争ではなくても、

「限られた医療資源の中、命の選別をするのは仕方ない」といった空気はあっという間にできてしまうことを痛感しました。

そのような空気は、人を生産性で選別し、費用対効果で序列をつけるでしょう。そうなると、貧しい人や稼げない人、「国のお世話になる人」などがさらにバッシングの対象になる。

２０１２年、世耕議員や片山さつき議員など自民党政治家が主導した生活保護バッシングが猛威を振るいましたが、今になってそのバッシングが当事者を苦しめています。

困窮した人の相談を受けても、その中には「生活保護だけはどうしても受けたくない」という人も多いのです。

コロナ禍で一番時間を使っているのは、そういう方への説得かもしれないと思うほどです。所持金５円で、携帯も止まっていて今日から野宿という状態なのに、「生活保護だけはどうしても嫌」という人と対峙していると、自民党のバッシングが今、呪いのように当事者の命を危険に晒していると思います。

当事者こそ、自己責任論に縛られています。

だけど、困ったときは頼っていいし、常に生産性なんか高くなくてもいい。そういう当たり前のことが忘れられています。

戦争は、人間を「戦争の役に立つか」「戦争の役に立たないか」だけで選別します。そこには地獄しかないということを、強調して終わりたいと思います。

国策落語から家制度・優性思想を考える

落語家　古今亭 菊千代

落語界は長い間、男社会と言われ、女の噺家が育ちませんでした。女を弟子に取る師匠もいませんでした。噺自体も男が語り、男が喜ぶものが多かったように思います。そんな噺を女が語っても面白くない、また男と同じように女が修業することは難しいと言われていました。それでも私はどうしても噺家になりたくて、古今亭円菊という師匠に弟子入りをお願いし、その師匠は自信もいろいろ苦労し、また新しいことを考えることが好きな人だったので、周囲の反対をものともせず、私を弟子に取ってくれました。当時は私で東京では二人目の女の前座だったので、兄弟子や周囲の人たちからは疎ましく思われたこともありました。また、誰よりも噺家のおかみさん方からあまりよく思われていないように感じました。

なんとか修業を重ね、特別に女の真打を作るということで早く真打にしていただいたときには批判の嵐でした。それも今となっては良い経験、良い思い出です。おかげさまで、それからどんどん女性の噺家が増え今では東京・大阪で60人弱の女性の噺家がいるのですから夢のようです。

私が「子別れ」という噺をかけたとき、「楽屋に女性のお客様がお越し下さり、今まで男性の噺で聴いたとき納得できなかったけれど、今日はとても心にしみました」と言っていただいたことがありました。私は私の気持ちとして、ここでおかみさんはこんなこと言わないでしょ、これは男性が美化した理想のおかみさんのセリフでしょう、と、ひねくれながら話しているのが良かったようです。もしかしたら今までは寄席にいらした女性のお客様が嫌な気持ちになりながら聴いていたこともあったのではないかなあと思います。

時代が変わり女性の噺家が増え、古典落語をそのまましっかりやっている人もいれば、女性が語りやすいように改作したり、女性の気持ちになって語ったり、また新作を作ったり色々で、とっても自由に活躍しています。

平和でこそ落語は笑える

その中で私は「落語は平和でなくては笑ってもらえない、9条こそ平和のための抑止力。私たちの生きる権利を戦後守ってきてくれた憲法を今こそ私たちが守る時だ」と、「9」の紋付を着て高座に上がることで、せめてもの平和のアピールをしております。

いま本当に怖いことになっている、もはや戦争の準備が着々と進んでいる気がします。戦争になったら、日本が戦争に巻き込まれたら、どこかの国の戦争に加担することになったら、真っ先に行われるのが言語統制、真っ先に協力を要請されるのは医療従事者、真っ先に切り捨てられるのが生活困窮者です。そして洗脳がじわじわとはじまっていくのです。そのために、かつては私たちのような言葉をなりわいとしているものが協力を要請され、また忖度をして話をしていた時代がありました。芸術も音楽も映画も戦意高揚のために使われました。それを昔のことだから、と他人事のように考えている場合ではないと思っているところに、国策落語（新体制落語）と禁煙落語（噺家自身の自粛）について話芸史研究家の柏木新先生の、『国策落語はこうして作られ消えた』（本の泉社）というご本に出合い、勉強することになり、先生のお許しを得て機会あるごとに受け売りですがお話をさせていただいております。

戦前の優性思想「結婚十訓」

柏木先生が国策を種類ごとに分類しそれに沿った噺を上げてくださっていますので、詳しくは先生の本をお読みいただきたいと思います。ここでは分けられた国策をご紹介しましょう。

一、　出征などを名誉とした軍人賛美の落語
二、　隣組、防空演習など国民の戦時体制の落語
三、　戦費確保のために貯蓄・債券購入・献金などを奨励する落語
四、　民に耐乏生活を強いる落語
五、　食料増産を奨励する落語

六、　金属類提出の落語
七、「産めよ育てよ（産めよ殖やせよ）国の為」の落語
八、戦争のための「国民の体力向上」の落語
九、防諜《ぼうちょう》・スパイ防止の落語
十、　日本軍を賛美する落語
十一、侵略戦争を正義の戦争とする落語
十二、日独伊三国同盟を歓迎する落語
十三、古典落語を国策用に改作したもの

この中で、七番目の「産めよ育てよ（産めよ殖やせよ）国の為」というのは厚生省の優生結婚相談所で作成した「結婚十訓」によるもだそうです。

①一生の伴侶として信用できる人を選べ
②心身共に健康な人を選べ
③お互いに健康証明書を交換せよ
④悪い遺伝のない人を選べ

⑤近親結婚はなるべく避けよ
⑥なるべく早く結婚せよ
⑦迷信や因襲《いんしゅう》に捉われるな
⑧父母長上の意見を尊重せよ
⑨式は質素に届は当日
⑩産めよ育てよ国の為

この結婚十訓は、日中戦争、満蒙開拓移民で出生率低下に危機感を強めた当時の政府から発表されたそうです。その後、1941年（昭和16年）1月、近衛文麿《このえふみまろ》内閣の閣議決定により「人口政策確立要綱」が制定されました。この人口政策確立要綱は、当時7300万人だった日本帝国の軍国主義を支えるため、1950年（昭和25年）における内地総人口1億人を目指し、初婚年齢を3歳引き下げて男性25歳、女性21歳とする人口増強策の提示と、国の理想である「一家庭に子供五人」を実現するために独身税、婚資貸付検討を含め国民への上からの呼びかけをしていたとのこと。

この「結婚十訓」はナチスの「配偶者選択十か条」を参考にしてできたものだそうです。人種差別、障害者差別を正当化する思想です。

私が女性であるからという以前に大変ナンセンスで、腹立たしいものだと思います。絶対にこんな時代に戻るべきではないし、つまりこれこそ家制度復活につながるかと思うのです。ただし今の若者たちに受け入れられるはずもなく、そうなると国の強制的な圧力がかかるということでしょうか。悲しいことに我が身に降りかからないと人ごとのように無関心な人々が、慌てて拒んでも遅いという事態にもなるわけです。

子どもを産めという噺もたくさんできました。子どもの多い家庭を奨励する「子宝部隊長」男の子を生まない妻に対し「憲兵隊へ訴える」というセリフが出てきます。娘の厄年の結婚を心配する夫婦に早く結婚させて子供をたくさん産むように勧める噺、三つ子を生んだ夫婦に対し国からも病院からも援助が出るという噺もあります。「産児報国」「結婚報国」などもスローガンに、総力戦に必要な人的資源を確保するための人口政策となったそうです。

戦後自由に語られるようになった落語にはジェンダーに基づいたものから、まるっきり相反するものもありますが……。

志ん生師匠の国策落語

私の大師匠古今亭志ん生が十八番《おはこ》にしていた風呂敷という落語に、夫婦げんかして困って出てきた若いかみさんに兄貴分がことわざを使って、言って聞かせるところがあります。「貞女は両夫（二夫《じふ》）にまみえず」これは貞淑な女性は夫にみさおを立て、夫が死んでも生涯、再婚はしないということなんですが、

●「お前ねえ、貞女は屏風にまみえずってんだよ、わかるか？　つまりな、こっちに貞女がいて、その前に屏風があったら、向こうが見えねえじゃねえか。なあ、情けねえじゃねえか、それからな『女は三階に家なし（＝女は三界に家なし）』てんだからしっかりしろ」

○「なんですか、それは」

これは、女は、幼少のときは親に従い、嫁に行っては夫に従い、老いては子に従わなければならないものであるから、この広い世界で、どこにも安住できるところがない。ということわざなんですが。ところが、

●「ああ？　女は三階に家なしってのはだな、つまり、だから、おかみさんが三階にいるとだな、お客さんがやってきたら、イチイチ一階まで降りて行かなきゃなんねえだろう。面倒くせえじゃねえか。だから、女は三階には住まねえってことなんだよ」

と、呑気なものでございます。

つまりは、じっくり落語を楽しんでいただければゾンビ家制度なんて関係ないと思うんですが、先ほど申しました国策落語の有った時代では、この志ん生師匠でさえも「南方みやげ」という噺、「もともと大東亜戦争は東亜共栄圏のみんなが幸せになる、分け合って共に楽しむ共栄圏、今まで英米から虐げられ、搾取《さくしゅ》された人々を救ってやるんだ」という偽りの「戦争正義論」を語る噺を作って語っておりました。

「興亜奉公日」という日が定められた時代もあったそうです、1942年1月まで、毎月1日を戦時生活実践の日として、国旗掲揚、国歌斉唱、宮城遥拝、神社参拝、勤労奉仕などが行われ、この日は禁酒禁煙、食事は一汁一菜、児童生徒のお弁当は梅干し一個の日の丸弁当、飲食店、接客業は休業、もちろん寄席もお休みだったそうです。そしてそれに合わせた贅沢は敵だという、国民に耐乏生活を強いる噺もたくさん作られたようです。

とにかく波はすぐそこまで押し寄せています。言語統制、洗脳、間違った歴史教育にアンテナを張っていくことが重要ですね。

引用文献　柏木新著『国策落語はこうして作られ消えた』本の泉社、2020年

おわりに

ゾンビ家制度のシンポジウムを開催してから約1年たちました。この間、家庭の自助と女性による穴埋めを迫る「ゾンビ化」は進みつつあります。

2024年上半期の介護事業者の倒産は、介護保険法が始まった2000年以来最多を記録しました（東京商工リサーチ調べ）。物価高や人手不足が経営を圧迫したことだけでなく、2024年度の改定で家庭での介護を支える訪問介護の基本報酬が引き下げられたことが大きく影響しています。1人の女性が一生のうちに産む子どもの数の指標となる「合計特殊出生率」も2023年、1・20と、1047年に統計を取り始めて以降、最も低くなりました。就職サイトのマイナビが2024年5月に発表した調査では、20代正社員の男女のうち25・5％が「子どもは欲しくない」と回答し、理由として、「お金が足りない」「増税・物価高の中、自分のことで精一杯で育てる責任が持てない」など、金銭面の不安を挙げました。中世の農民が重い年貢に抗議するため村から大量脱出することを「逃散」と言います。ゾンビ家制度の下、子育て負担の増大からの逃散が始まっていることを思わせます。

そんな中、一人元気なのは防衛関連予算です。2024年度の国内総生産（GDP）比で1・6％になり、前年度から0・2ポイント上昇しています。問題は、こうした予算が私たちの生活の中に「聖域」のように腰を据え、生活との関連の中で柔軟に判断することを難しくしていることです。報道でも、少子高齢化対策で公費が必要とされつつ、それとは別世界のことのように軍事予算が語られ、私たちの頭の中に「あれはあれ、それはそれ」という仕切りを作り出してきました。

ただ、そこにも小さな変化の芽が見えます。2024年8月2日付「朝日新聞」は1面トップで「持たざる国、逆戻りの日本　身の丈に合わぬ防衛費」という記事を掲載しました。1920年、日本のGDPが世界全体に占める割合は3・4％でした。それが1990年には8・6％に上昇し、2022年には再び3・7％に落ち込んでいます。一方で2027年度の防衛費は「世界5位以内」の「軍事大国」に仲間入りする可能性がある、というものです。

軍事費を聖域化せず、このように、私たちの足元の経済、生活、家庭の現実からその妥当性を粘り強く問い直すこと。それが、ゾンビ家制度の暗躍を止め、私たちの等身大の幸福を作り出す――。この本での問題提起を読み返し、今、そんな思いを改めて強めています。

（執筆者を代表して　竹信三恵子）

竹信 三恵子（たけのぶ みえこ）
ジャーナリスト、和光大学名誉教授。ＮＰＯ法人官製ワーキングプア研究会理事。2009年貧困ジャーナリズム大賞受賞。『ルポ雇用劣化不況』で2009年度日本労働ペンクラブ賞受賞。2022年『賃金破壊』で日隅一雄・情報流通促進賞特別賞。

杉浦 ひとみ（すぎうら ひとみ）
弁護士（東京アドヴォカシー法律事務所）。安保法制違憲訴訟共同代表、軍隊を捨てた国「コスタリカに学ぶ会」事務局長。平和を求め軍拡を許さない女たちの会事務局長。

杉原 浩司（すぎはら こうじ）
武器取引反対ネットワーク（NAJAT）代表。平和構想提言会議メンバー。共著書に『戦争ではなく平和の準備を』（地平社）、『亡国の武器輸出』（合同出版）、『武器輸出大国ニッポンでいいのか』（あけび書房）。

雨宮 処凛（あまみや かりん）
作家。反貧困ネットワーク世話人。フリーターなどを経て2000年にデビュー。2006年から貧困問題に取り組む。著書に『死なないノウハウ　独り身の「金欠」から「散骨」まで』（光文社新書）、『難民・移民のわたしたち　これからの「共生」ガイド』（河出書房新社）など50冊以上。

古今亭 菊千代（ここんてい きくちよ）
落語家。1993年に江戸では初となる女性真打に昇進。以降、本来の寄席やホール、各落語会の出演のほか、手話と一緒に楽しむ落語、朝鮮・韓国語での落語、新作、自作品、エッセイ、また、南米など海外の日系の方々の前でも多数口演。

ゾンビ家制度　軍拡と社会保障解体の罠

2024年9月16日　初版1刷発行
著　者　竹信三恵子、杉浦ひとみ、杉原浩司、雨宮処凛、
　　　　古今亭菊千代
発行者　岡林信一
発行所　あけび書房株式会社
〒167-0054　東京都杉並区松庵3-39-13-103
☎ 03.-5888- 4142　FAX 03-5888-4448
info@akebishobo.com　https://akebishobo.com

印刷・製本／モリモト印刷
ISBN978-4-87154-270-8　C3031